당신의 길을 개척하라 ❶

당신의 길을 개척하라 ❶
Pushing to the Front

오리슨 스웨트 마든 지음
이은종 편역

주영사

"세상은 결심이 굳건한 사람을 위해 길을 만든다."

편역자 서문

인생을 대하는 방식은 크게 두 가지가 있는 듯하다. 하나는, 할 수 있다는 의지를 갖고 노력하는 것이다. 다른 하나는, 노력해봐야 소용없으니 주어진 대로 살자는 식이다. 어느 쪽이 옳다고 할 수는 없다. 다들 생각과 경험이 다르기 때문에 각자 원하는 방식대로 살아갈 뿐이다. 자기와 다르다고 해서 다른 사람을 뭐라 할 권리는 없다. 이 책은 전자의 생각을 최대한 끌어올린 것이다.

19세기 미국에서는 "신사고운동(New Thought Movement)"이라고 하는 미국 특유의 철학이 풍미했다. 그것은 "비관주의에 오염되지 않은 철학, 낙관주의의 정신이 살아 숨 쉬는 철학, 인간 안에 있는 신성을 강조하고, 그 신과 함께라면 고귀한 야망을 성취하는 데 방해가 되는 모든 불리한 조건을 극복할 수 있다"라고 주장하는 철학이었다.

이 책의 저자 마든 박사는 그 운동의 주도자급 멤버였다. 그는 이 책을 시작으로 평생 50권이 넘는 책을 저술했다. "그의 인생철학과 저술의 핵심은 그리스도께서 '나와 내 아버지는 하나'라고 말씀하신 것과 같은 의미에서 인간은 하느님과 하나라는 것, 하느님은 인간이 실패가 아니라 성공하기를 의도하셨다는 것, 인간은 자신의 노력을 통해 단계적으로 신과 같은 높이로 올라가야 하며, 이 계획을 이루기 위해 하느님은 인간에게 최고의 야망에 걸맞는 힘을 주셨다는 것이다."

그의 생각은 논리가 있다. "새는 겨울에 남쪽으로 날아갈 수 있는 진짜 남쪽이 없이는 날아갈 수 없으며, 창조주께서는 우리에게 이러한 마음의 갈망, 즉 더 크고 완전한 삶에 대한 욕망, 우리의 가능성을 충분히 표현할 수 있는 기회, 불멸에 대한 갈망을 그에 상응하는 현실 없이 주지 않으셨다. … 올바른 마음가짐으로 목표를 향해 성실하고 정직하게 노력하면 목표를 달성할 수 있다."

마든 박사가 이렇게 동기를 부여하고 목표에 전념하도록 권유한 것은 사람이 가난에서 벗어나기를 바랐기 때문이다. 그는 가난을 이렇게 설명했다.

"성경은 우리에게 '가난한 자의 궁핍은 그의 멸망이니라'라고 말한다. 극심한 가난은 희생자를 깊은 곳에서 더 깊은 곳으로 끌어내리는 재앙이며, 삶을 몸과 영혼을 하나로 묶는 부스러기를 얻기 위한 쓰라린 투쟁으로 만들어버린다."

"가난은 매년 수만 명의 무고한 희생자를 낳고 있으며, 그중에는 햇볕이 들지 않는 습하고 더러운 지하실에서 질병과 방치로 죽어가는 어린이들도 있다. 어린 시절의 권리를 빼앗겨 비뚤어지고 뒤틀린 남성과 여성이 되어, 괴로움과 불만, 불안, 충족되지 않은 야망과 갈망을 가득 안고서 공장으로 내몰리고 있다. 가난은 수많은 사람을 범죄와 광기, 죽음으로 몰아넣는다. 그리고 무엇보다도 더 많은 무지와 범죄, 더 많은 불만과 불행, 더 많은 자살과 파괴된 야망, 더 많은 파괴된 가정을 만들고 있다."

"우리가 한 종족으로서, 한 문명으로서 발전하려면 이 끔찍한 가난이라는 질병을 우리 가운데서 몰아내야 한다. 어떤 사람들이 하듯이 가난의 축복을 찬양하는 것이 아니라, 가난에서 벗어나고 다른 사람이 그렇게 하도록 돕는 것이 우리의 의무이다."

"가난의 질병, 가난의 저주는 섭리의 법칙이 아니다. 그것은 대부분 무지의 결과이다. 이 땅의 모든 인간은 자기 안에 갇혀 있는 힘을 알아야 한다. 그리고 그 힘을 최대한 활용해 열심히 일한다면 편안하게 살 수 있다. 독약 해독제처럼 빈곤 해독제가 세상에 널리 알려진다면 가난은 없어질 것이다."

이 책은 "가장 낮은 계층에서 가장 높은 명예와 봉사의 자리에 오른 사람들의 사례를 소개한다. 위인들의 인생 이야기를 통해 그들이 어떻게 지독한 가난 속에서 시작했는지, 어떻게 낙담과 거듭된 실패에 맞서 고군분투했는지, 마침내 어떻게 승리하여 세상을 위해 훌륭한 일을 하고 불멸의 명성과 감사를 얻게 되었는지를 보여준다."

저자는 "인간이 무한한 힘과 하나가 되었기 때문에 인간의 가능성은 사실상 무한하다고 믿었다. 창조주와 파트너십을 맺고 있으므로 그가 꿈꾸거나 도전하기에 너무 큰 것은 없다고 믿었다."

이 책은 반드시 처음부터 끝까지 순서대로 읽을 필요는 없다. 원하는 장을 골라 읽어도 된다. 그리고 원서가 저작권이 만료된 책이기 때문에 원서에서 오늘날의 현실과 맞는 부분만을 골라 재구성했다. 단락 배치도 처음에는 어색할 수 있다. 원서의 구성이 단락을 떼지 않고 여러 아이디어를 붙여놓았기 때문에 이에 걸맞게 배열하려면 단락을 뗄 수밖에 없었다. 하지만 읽다 보면 익숙해지고, 어쩌면 읽기가 더 수월할 것이다.

100년도 넘는 옛날에 쓰였지만 여전히 현대인에게 영감과 자극을 주는 이 책이 독자 여러분의 삶에 도움이 되었으면 한다.

2025년 9월
편역자

참고문헌

Connolly, Margaret. *The Life Story of Orison Swett Marden: A Man who Benefited Men*. New York: Thomas Y. Crowell Company, 1925.

저자 서문

이 《당신의 길을 개척하라》 개정증보판은 초판에 있던 야망을 불러 일으키고, 기운을 내게 하며, 영감을 주는 힘을 더 키우기를 바라는 전 세계적 요구에서 나온 결과이다.

성경 외에 다른 어떤 책이 이보다 더 많은 사람의 삶에 전환점이 되어 주었을지 의문이다.

이 책을 읽고 수천 명의 젊은이가 새로운 결심을 해 학교나 대학으로 돌아갔고, 낙담의 순간에 포기했던 직업을 다시 시작했다. 실패해 모든 희망을 포기했던 수많은 사업가가 다시 일어났다.

저자는 전 세계 거의 모든 지역의 사람들로부터 이 책이 어떻게 야망 을 불러일으키고, 이상과 목표를 바꾸고, 이전에는 불가능하다고 생각 했던 일을 성공적으로 수행하는 원동력이 되었는지에 관한 수천 통의 편지를 받았다.

이 책은 여러 언어로 번역되었다. 일본을 비롯한 여러 나라의 공립학교에서 폭넓게 쓰이고 있다. 세계 각지의 저명한 교육자들이 문명 건설을 위해 이 책을 학교에서 사용할 것을 권장했다.

세계 각국의 왕, 공화국 대통령, 영국 및 다른 나라의 저명한 의원, 미국 대법관, 유명 작가, 학자, 저명인사들이 이 책을 극찬했고, 이 책을 세상에 낸 저자에게 감사를 표했다.

이 책은 어려움 속에서의 성취, 막막한 시작과 승리의 결말, 투쟁과 승리의 감동이라는 매혹적인 낭만으로 가득하다. 위대한 일을 이뤄낸 사람들의 감동적인 이야기를 들려준다. 보통의 능력이 있는 사람들이 보통의 수단을 사용하여 어떻게 성공했는지를 보여주는 평범한 사람들의 수많은 승리 사례를 제시한다. 무능력자와 불구자가 어떻게 인내와 의지로 불가능해 보이는 어려움을 극복하고 승리했는지를 보여준다.

이 책은 그들이 어떻게 공통의 기회를 포착해 그것을 위대하게 만들었는지를 보여준다. 불굴의 의지와 불변의 목적으로 성공한 보통 사람들의 이야기이다. 가난과 고난이 어떻게 거인들의 요람을 흔들었는지를 들려준다. 이 책은, 대부분의 사람은 그 정신 태도와 노력이 서로 일치하지 않기 때문에 노력의 많은 부분을 활용하지 못하고 있으며, 그 때문에 한 가지를 위해 일하면서도 실제로는 다른 것을 기대하고 있다는 사실을 지적한다. 그리고 이것이 우리가 그들이 이해하기를 기대하는 핵심이다.

계속해서 가난하게 살 거라고 예상하거나 그럴 거라고 반쯤 의심하는 사람은 결코 부자가 될 수 없다. 가난에 대한 생각을 붙잡고 있고 가난을 낳는 상황과 계속 접촉하는 것은 번영을 막기 때문이다.

자신을 높이려면 먼저 생각을 높여야 한다. 생각하는 습관을 다스리는 법을 알게 될 때, 생명력이 우리 안으로 위대하고 신성하게 들어오도록 마음을 여는 법을 알게 될 때, 우리는 인간에게 주어진 재능과 가능성의 진리를 알게 될 것이다.

마든 박사는 《당신의 길을 개척하라》에서 평균적인 리더들이 평균 이상의 능력을 갖고 있지 않다는 것을 보여준다. 그들은 평범한 사람이지만 특별한 끈기와 인내를 가지고 있다. 이 책은 고귀한 자극의 창고이자 귀중한 말의 보고이다. 모든 페이지에 영감과 격려, 도움이 담겨 있다. 이 책은 글을 읽을 줄 알고 추진력만 있다면 경력에 한계가 있을 수 없다는 교리, 즉 야심 찬 인재에게 "여기까지만, 그 이상은 안 돼"라고 말할 수 있는 장벽은 없다는 교훈을 가르친다. 격려가 이 책의 기조이다. 목표 없이 표류하는 사람들에게 명예로운 노력을 불러일으키고, 성공을 위한 몸부림에서 낙심한 사람들에게 그들 안에 있는 야망을 일깨우는 것이 이 책의 목적이다.

출판사

차례

편역자 서문 ··· 7
저자 서문 ··· 11

1장   사람과 기회 ··· 17
2장   사람이 필요하다 ······································· 39
3장   당신이 있는 곳의 기회 ······························· 48
4장   여분의 순간에 담긴 가능성 ·························· 60
5장   네모난 구멍 속의 둥근 소년 ·························· 73
6장   어떻게 직업을 선택할 것인가 ······················· 87
7장   어떤 직업이어야 하는가 ····························· 103

8장	집중력	120
9장	"정시에" 또는 시간 엄수의 승리	134
10장	좋은 외모	148
11장	당신이 말을 잘할 수 있다면	161
12장	좋은 매너는 자산이다	178
13장	재치 또는 상식	206
14장	끈기의 보상	223

일러두기
각주는 편역자 주입니다.

1장

사람과 기회

"이 세상에 자기 일을 갖지 않고 태어난 사람은 없다." • 로웰

"이 세상에 누군가가 끌어올리기 전에 그 모습을 드러내는 것은 없다."
• 가필드

"기회를 주시하는 주의 깊음, 기회를 포착하는 재치와 대담함, 기회를 최대한 끌어올리는 힘과 끈기, 이것이 성공을 만드는 군인의 덕목이다."
• 오스틴 펠프스

"나는 길을 찾거나, 아니면 만들어버릴 것이다."

"전에는 할 수 없었고 앞으로도 다시 할 수 없는 선한 일을 할 수 있는 기회가 오지 않은 날은 없었다." • W. H. 벌리

"당신은 진지한가? 지금 이 순간을 잡으라. 당신이 할 수 있는 것을 하라. 그렇지 않다면 당신이 할 수 있는 것을 꿈꾸고, 그것을 시작하라."

"우리가 성공하면 세상이 뭐라고 할까요?" 넬슨이 나일강 전투를 앞두고 신중하게 수립한 계획을 설명하자 베리 함장이 즐겁게 물었다.

넬슨은 "'만약'은 없네"라고 대답했다. "우리는 확실히 성공할 것이야. 누가 살아남아서 그 이야기를 전할지는 다른 문제이지." 그리고 나서 함장들이 각자의 배로 가기 위해 회의 자리에서 일어날 때 이렇게 덧붙였다. "내일 이 시간 나는 귀족 작위를 얻거나 웨스트민스터 사원에 묻힐 거야." 그의 형안과 대담한 정신은 다른 사람이 패배의 가능성만 보았던 곳에서 영광스러운 승리의 기회를 보았다.

"그 길을 건너는 것이 가능한가?" 나폴레옹은 그 무시무시한 세인트 버나드 협로를 탐사하기 위해 파견되었던 기술자들에게 물었다. "아마도, 가능성의 한계 내에 있습니다"라는 망설이는 대답이 돌아왔다.

"그럼, 전진하게." 나폴레옹은 극복할 수 없는 어려움에 대한 그들의 설명에 귀를 기울이지 않았다. 영국과 오스트리아는 "바퀴가 한 번도 굴러간 적 없고, 구를 수도 없는" 알프스산맥을 6만 명의 군대와 엄청난 대포, 수많은 포탄과 짐, 전쟁에 필요한 부피가 큰 군수품을 가지고 이동한다는 생각을 조롱하며 웃음을 터뜨렸다. 포위된 마세나는 제네바에서 굶주리고 있었고, 승리한 오스트리아군은 니스의 성문을 포격하고 있었지만, 나폴레옹은 위험에 처한 그의 옛 전우들을 실망시킬 사람이 아니었다.

이 "불가능한" 업적이 달성되었을 때, 어떤 사람들은 그건 오래전에 성취되고도 남을 일이었다고 생각했다. 다른 이들은 그런 거대한 장애물을 만났을 때 극복할 수 없다고 변명했다. 필요한 보급품과 도구, 강인한 병사들을 보유한 지휘관들이 많았지만, 큰 어려움에도 움츠러들지 않고 오히려 절실한 필요에서 기회를 만들어 온전히 자기 것으로 활용한 보나파르트의 근성과 결단력에는 미치지 못했다.

뉴올리언스에 있던 그랜트는 채터누가에서 지휘하라는 명령을 받았을 때 말에서 떨어져 중상을 입은 상태였다. 상황은 남부군이 너무 심하게 괴롭혀 항복이 며칠밖에 남지 않은 것처럼 보였다. 주변 언덕은 밤에 적의 진지에서 피우는 불로 환히 빛났고, 보급은 끊어진 상태였다. 그는 큰 고통을 겪고 있었지만, 새로운 작전 지역으로 자신을 옮기라는 명령을 즉시 내렸다.

미시시피강과 오하이오강, 그리고 그 지류 하나를 따라 수송선을 타고, 말 한 마리에 짐을 싣고 수 마일에 걸친 황야를 지나, 마침내 네 명의 남자 어깨에 실려 채터누가로 갔다. 상황은 즉시 다른 양상을 띠었다. 그 상황에 훌륭하게 대처하는 장인이 도착한 것이다. 군대는 그의 위력을 실감했다. 그는 말을 타기도 전에 진격을 명령했고, 적군은 조금씩 땅을 차지하려고 했지만 연합군은 순식간에 언덕을 점령했다.

이런 일이 우연의 결과였을까, 아니면 부상당한 장군의 불굴의 의지에 의한 것이었을까?

호라티우스가 두 명의 동료와 함께 9만 명의 토스카나인을 테베레강을 가로지르는 다리가 파괴될 때까지 막았을 때, 테르모필레의 레오니다스가 크세르크세스의 강력한 행군을 저지했을 때, 테미스토클레스가 그리스 해안에서 페르시아의 함대를 격파했을 때 상황은 저절로 정리되었던가? 군대가 궁지에 몰린 것을 본 카이사르가 창과 둥근 방패를 잡고서 병력을 재정비해 싸워 패배에서 승리를 쟁취했을 때, 빙켈리트가 오스트리아 군대의 창을 한 무더기로 그의 가슴에 받아 전우들이 자유를 위해 분투하도록 길을 열어주었을 때, 나폴레옹이 수년 동안 직접 참여한 전투에서 단 한 번도 패하지 않았을 때, 웰링턴이 한 번도 정복되지 않고서 수많은 지역에서 싸울 때, 네(Ney)가 백 개의 전장에서 명백한 재앙을 빛나는 승리로 바꾸었을 때, 페리가 불능이 된 로런스호를 떠나 나이아가라호로 노를 저어 가 영국군의 대포를 멈추었을 때, 연합군의 퇴각이 실패로 돌아가고 있을 때 셰리든이 윈체스터에서 도착해 전선을 따라 전세를 역전시켰을 때, 셔먼이 극심한 압박을 받으면서도 부하들에게 요새를 지키라고 신호를 보내고, 부하들은 그들의 지휘관이 오고 있다는 것을 알고서 요새를 지켰을 때, 상황은 저절로 해결되었던가?

역사는 결단력이 약한 사람들이 불가능하다고 여기던 결과를 성취한 수천 명의 사례를 보여준다. 신속한 결단과 온몸을 던진 행동으로 그들 앞에 있는 세상을 쓸어버렸다.

사실 나폴레옹은 한 명뿐이었지만, 평균적인 미국 젊은이의 전진을 가로막는 알프스는 그 위대한 코르시카인이 넘었던 정상만큼 높거나 위험하지 않다.

특별한 기회를 기다리지 마라. 공통의 기회를 포착해 그것을 위대하게 만들라.

1838년 9월 6일 아침, 영국과 스코틀랜드 사이에 있는 롱스톤 등대에 사는 한 젊은 여성이 바람과 파도의 굉음 위로 들려오는 고통의 비명에 잠이 깼다. 예상치 못한 폭풍우가 몰아치고 있었고, 그녀의 부모는 비명을 들을 수 없었지만 망원경으로 보니 0.5마일 떨어진 바위에 걸린 난파선의 돛대에 9명의 사람이 매달려 있는 것이 보였다. "아무것도 할 수 없다." 등대지기 윌리엄 달링이 말했다. "아, 그래요? 그래도 우리는 구조하러 가야 해요." 그의 딸이 아버지와 어머니에게 눈물을 흘리며 간청했고, 어머니가 대답했다. "그래, 그레이스. 내 판단에는 어긋나지만 네가 나를 설득하도록 허락할게." 회오리바람에 깃털이 날리듯 작은 배가 격랑의 바다에 던져졌지만, 잔인한 파도가 휩쓰는 타격에 난파된 선원들의 비명이 그녀의 약한 힘줄을 강철로 바꾸는 것 같았다. 지금까지 알지 못했던 힘이 어딘가에서 나왔고, 그 영웅적인 소녀는 아버지와 함께 노를 고르게 저었다. 마침내 9명은 무사히 배에 올랐다. "신이 너를 축복하시기를 빈다. 넌 정말 멋진 영국 아가씨야." 한 불쌍한 남자가 그날 수많은 군주의 업적보다 영국의 영광에 더 많은 업적을 남긴 이 놀라운 소녀를 신기하게 바라보면서 말했다.

조지 캐리 에글스턴의 이야기에 따르면, 시그너 팔리에로의 저택에서 허드렛일을 하던 한 소년이 "저에게 기회를 주신다면 뭔가 해 보일 수 있을 것 같습니다"라고 말했다. 대규모의 사람이 연회에 초대되었는데, 연회가 시작되기 직전에 테이블을 장식할 큰 장식품을 만들던 제과업자가 그 장식품을 망쳤다는 소식이 전해졌다. 집사가 깜짝 놀라며 외쳤다. "너, 너는 누구냐?" "저는 돌을 깎는 피사노의 손자 안토니오 카노바입니다"라고 그 창백한 얼굴의 작은 친구가 대답했다.

"무엇을 해 보일 수 있는데?"라고 집사가 물었다. "식탁 가운데에 놓을 만한 것을 만들 수 있습니다" 집사는 고심 끝에 안토니오에게 가서 어떻게 하는지 보여달라고 했다. 그 허드렛일 하는 소년은 버터를 조금 달라고 한 뒤, 웅크리고 있는 커다란 사자 모양을 재빨리 만들었고, 집사는 감탄하며 그것을 식탁 위에 올려놓았다.

저녁 식사 시간이 되자 베니스의 유명한 상인, 왕자, 귀족들이 식당으로 안내되었다. 그중에는 숙련된 예술 비평가들도 있었다. 그들은 버터 사자에서 눈을 떼지 못했고, 천재적인 작품에 경이로움을 표하며 그곳에 온 목적을 잊어버렸다. 그들은 사자를 오랫동안 주의 깊게 바라보며 시그너 팔리에로에게 그런 임시 재료에 기술을 낭비하도록 설득당한 위대한 조각가가 누구인지 물었다. 팔리에로는 대답할 수 없어서 집사에게 물었고, 집사는 안토니오를 손님들 앞으로 데려왔다.

귀빈들이 사자가 단시간에 조각으로 만들어졌다는 사실을 알게 되자 저녁 만찬은 그를 칭찬하는 잔치로 바뀌었다. 부유한 주인은 소년이 최고의 장인 아래에서 배우는 경비를 내겠다고 선언했고, 그 약속을 지켰다. 안토니오는 행운에 도취하지 않고, 피사노의 가게에서 훌륭한 석공이 되기 위해 노력했던 단순하고 충실한 소년의 모습을 유지했다. 소년 안토니오가 이 첫 번째 큰 기회를 활용한 이야기를 들어본 적이 없는 사람도 있겠지만, 역사상 위대한 조각가 중 한 명인 카노바에 대해서는 모두 알 것이다.

약한 사람은 기회를 기다리지만, 강한 사람은 기회를 만든다.

"최고의 사람은 기회를 기다리는 것이 아니라 기회를 포착하고, 기회를 포위하고, 기회를 정복하고, 기회를 하인으로 만든다"라고 E. H. 채핀은 말한다.

특별한 도움을 받을 확률은 100만분의 1에 불과하지만, 행동하기만 하면 좋은 이득으로 발전시킬 수 있는 기회는 종종 주어진다.

기회 부족은 나약하고 흔들리는 정신에 대한 변명일 뿐이다. 기회! 모든 삶은 기회로 가득하다. 학교나 대학에서의 모든 수업은 기회이다. 모든 시험은 인생의 기회이다. 모든 환자는 기회이다. 모든 신문 기사는 기회이다. 모든 고객은 기회이다. 모든 설교는 기회이다. 모든 비즈니스 거래는 예의 바르게 행동할 기회, 남자답게 행동할 기회, 정직하게 행동할 기회, 친구를 사귈 수 있는 기회이다. 당신에 대한 신뢰의 증거는 모두 좋은 기회이다. 당신의 힘과 명예에 주어진 모든 책임은 값을 따질 수 없이 귀하다. 존재는 노력의 특권이며, 그 특권을 남자답게 행사할 때 적성에 맞는 성공의 기회가 생각보다 빨리 찾아올 것이다. 프레드 더글러스*처럼 자기 몸도 소유하지 못한 노예가 웅변가, 편집자, 정치가로 성장할 수 있다면, 더글러스에 비해서도 기회가 풍부한 가장 가난한 백인 소년은 어떻게 해야 할까?

항상 시간이나 기회가 없다고 불평하는 사람은 위대한 일꾼이 아니라 게으른 사람일 뿐이다. 어떤 젊은이는 많은 사람이 부주의하게 버리는 기회에서 다른 사람이 평생 얻는 것보다 더 많은 것을 얻어낸다. 꿀벌처럼 그들은 모든 꽃에서 꿀을 추출한다. 그들이 만나는 모든 사람, 그날의 모든 상황은 유용한 지식이나 힘을 저장하는 그들의 개인 저장고에 무언가를 추가한다.

한 추기경은 "행운의 여신이 평생 한 번도 방문하지 않은 사람은 없다. 그러나 사람이 자신을 맞이할 준비가 되어 있지 않다고 생각하면 그녀는 문으로 들어왔다가 창문으로 나가버린다"라고 말했다.

---

* 프레더릭 더글러스. 탈출 흑인 노예로서, 흑인 노예해방 운동가였다. 링컨과 직접 만난 것은 링컨의 대통령 취임 연회가 처음이었지만, 두 사람은 멀리서 함께 노예해방을 위해 노력한 사이였다.

코넬리우스 밴더빌트는 증기선에서 기회를 발견해 증기선 항해로 자신을 드러내기로 결심했다. 그는 번창하던 사업을 포기하고 연간 1,000달러의 연봉을 받는 최초의 증기선 중 하나의 선장으로 취업했을 때 친구들은 모두 깜짝 놀랐다. 리빙스턴과 풀턴이 증기선으로 뉴욕 해역을 항해할 수 있는 독점권을 획득했지만, 밴더빌트는 이 법이 위헌이라고 생각해 법이 폐지될 때까지 맞서 싸웠다. 그는 곧 증기선 선주가 되었다. 정부가 유럽 우편물 운송에 많은 보조금을 지급하고 있을 때, 그는 무료로 우편물을 운송하고 더 나은 서비스를 제공하겠다고 제안했다. 그 제안은 받아들여졌고, 이런 식으로 그는 곧 엄청난 화물과 승객을 수송하게 되었다.

그는 미국 같은 나라에서 생길 철도의 큰 미래를 예견했다. 그는 온 힘을 다해 철도 사업에 뛰어들어 오늘날의 방대한 밴더빌트 시스템의 토대를 마련했다.

젊은 필립 아머는 미국 서부 이주의 포장마차 행렬에 합류해 노새가 끄는 프레리 스쿠너 마차에 모든 재산을 싣고 "위대한 미국 사막"을 횡단했다. 광산에서 열심히 일해 모은 돈으로 6년 후 밀워키에서 곡물 및 창고 사업을 시작할 수 있었다. 9년 만에 그는 50만 달러를 벌었다. 그러나 그는 "리치먼드로 계속 진격하라"*라는 그랜트의 명령에서 큰 기회를 보았다. 1864년 어느 날 아침, 그는 돼지고기 포장업 동업자인 플랭

---

* 버지니아 리치먼드는 남북전쟁 당시 남부연합의 수도였다.

킨턴의 문을 두드렸다. "다음 기차를 타고 뉴욕으로 가려고요. 돼지고기를 공매도하려고요. 그랜트와 셔먼이 반란을 진압할 거고, 돼지고기 가격은 배럴당 12달러까지 떨어질 거예요."* 이것은 그에게 기회였다. 그는 뉴욕으로 가서 돼지고기를 배럴당 40달러에 대량으로 공급하겠다고 제안했다. 사람들은 열렬히 받아들였다. 영악한 월스트리트 투기꾼들은 이 서부 청년을 비웃으며 전쟁이 끝나지 않았으니 돼지고기는 60달러까지 오를 것이라고 말했다. 그러나 아머 씨는 계속 팔았고, 그랜트는 계속 전진했다. 리치먼드는 함락되었고, 돼지고기는 배럴당 12달러로 떨어졌다. 아머 씨는 200만 달러를 벌었다.

존 D. 록펠러는 석유에서 기회를 보았다. 그는 미국에 매우 열악한 조명으로 사는 인구가 많다는 것을 보았다. 석유는 풍부했지만 정제 공정이 조잡하여 제품의 품질이 떨어지고 전적으로 안전하지 않았다. 이때 록펠러에게 기회가 찾아왔다. 함께 일하던 기계 공장의 짐꾼이던 새뮤얼 앤드루스와 동업하며 1870년에 동업자가 발견한 개선된 공정을 사용하는 싱글 배럴의 "증류" 공장을 시작했다. 두 사람은 우수한 등급의 석유를 생산하여 빠르게 번창했다. 그들은 세 번째 동업자인 플래글러 씨를 영입했지만 앤드루스는 곧 불만을 품게 된다. 록펠러는 앤드루스에게 "당신의 이해관계로 무엇을 받겠소?"라고 물었다. 앤드루스는 종이에 무심코 "백만 달러"라고 적었다. 록펠러는 24시간 만에 "천만 달러

---

* 당시 북부의 입장에서 남부는 미국 연방국을 인정하지 않고 떨어져 나간 반란군이었다. 또한 당시 북부군의 보급은 남부군에 비해 월등히 뛰어났다.

보다 백만 달러가 더 싸다"라며 그 금액을 앤드루스에게 주었다. 건물과 설비의 가치가 1천 달러에 불과했던 이 작은 정유소는 20년 만에 자본금 9천만 달러, 주가 170달러로, 시장 가치가 1억5천만 달러에 달하는 스탠더드 오일 트러스트로 성장했다.

이것은 돈을 벌기 위해 기회를 포착하는 예시이다. 그러나 다행히도 단순히 부를 쌓는 것보다 더 고귀한 일을 할 엉겅퀴같이 빽빽하게 늘어선 기회를 발견하는 새로운 시대의 전기 기술자, 엔지니어, 학자, 예술가, 작가, 시인들이 있다. 부는 노력의 끝이 아니라 기회이며, 한 사람의 경력의 절정이 아닌 하나의 사건일 뿐이다.

퀘이커교도였던 엘리자베스 프라이 부인은 영국의 감옥에서 기회를 발견했다. 1813년 후반까지만 해도 런던 뉴게이트 교도소의 한 감방에는 300~400명의 반나체 여성들이 재판을 기다리고 있었다. 침대도 침구도 없이 남녀노소, 어린 소녀들이 오물이 있는 바닥에 누더기를 깔고 잠을 잤다. 아무도 그들을 돌보지 않았고, 정부는 단지 그들의 목숨을 붙여 놓기 위해 음식을 주었을 뿐이었다. 프라이 부인은 뉴게이트를 방문하여 울부짖는 군중을 진정시키고, 젊은 여성과 소녀들을 위한 학교를 설립하고 싶다고 말하고는 수감자 중에서 교사를 고를 수 있게 해달라고 부탁했다. 그들은 놀랐지만, 시계를 훔친 죄로 수감된 젊은 여성이 선택되었다. 3개월 만에 "야수"라고 불렸던 이 여학생들은 무해하고 친절한 존재로 변했다. 개혁은 정부가 이 제도를 합법화할 때까지 확산되었고, 영국 전역의 선량한 여성들이 이 부랑자들을 교육하고 옷을 입히는 일에 관심을 갖게 되었다. 그로부터 40년이 지나고 그녀의 계획은 문명 세계 전역에 채택되었다.

한 영국 소년이 차에 치여, 절단된 동맥에서 붉은 피가 솟구쳤다. 다른 소년 애스틀리 쿠퍼가 손수건을 들고 상처 부위를 압박해 출혈을 멈출 때까지 누구도 어떻게 해야 할지 몰랐다. 소년의 생명을 구한 후 받은 칭찬은 그가 외과 의사가 되기로 결심하는 원동력이 되었다.

아널드는 "오랜 기다림과 인내심을 갖고 연구하고 실험한 끝에 젊은 외과 의사에게 갑자기 첫 번째 중요한 수술을 할 때가 왔다"라고 말한다. "위대한 외과 의사가 자리를 비운 것이다. 시간이 촉박하다. 삶과 죽음이 균형을 이루고 있다. 그는 응급 상황에 대처할 수 있을까? 그는 위대한 외과 의사의 빈자리를 채우고 임무를 수행할 수 있을까? 할 수 있다면 그는 필요한 사람 중의 한 명이 된다. 기회가 그에게 닥쳤다. 그와 기회는 서로 마주 보고 있다. 그는 자신의 무지와 무능력을 고백할까, 아니면 명성과 부를 향해 나아갈까? 그것이 그가 말해야 할 것이다."

당신은 큰 기회를 잡을 준비가 되었는가?

호손은 어느 날 롱펠로와 함께 저녁 식사를 하러 가서 세일럼에서 온 한 친구를 데리고 왔다. 저녁 식사 후 그 친구는 "나는 호손에게 아카디아의 전설에 근거한 이야기를 쓰라고 설득하고 있는데, 그 전설은 아카디아 원주민이 흩어질 때 연인과 헤어졌던 한 소녀가 연인을 기다리고 찾다가 늙어서 병원에 갔는데 거기서 죽어가는 연인을 만났다는 이야기이다"라고 말했다. 롱펠로는 호손이 이 전설을 마음에 들어 하지 않는다고 생각해 "정말로 그 전설을 이야기에 쓰지 않을 거라면 내가 그걸 시로 써도 되느냐"라고 물었다. 이에 호손은 동의했고, 더욱이 롱펠로가 운문으로 무엇을 할 수 있는지 볼 때까지 산문으로 그 주제를 다루지 않겠다고 약속했다. 롱펠로는 기회를 포착하여 〈에반젤린, 또는 아카디아인의 유배〉를 세상에 내놓았다.

열린 눈은 어디서나 기회를 발견할 것이고, 열린 귀는 도움을 구하는 사람들의 울부짖음을 놓치지 않을 것이며, 열린 마음은 자신의 재능을 베풀 가치가 있는 대상을 항상 찾을 것이고, 열린 손은 고귀한 일을 하는 데 부족하지 않을 것이다.

고체를 물이 가득한 용기에 담그면 넘친다는 사실은 누구나 알고 있었지만, 고체가 액체의 정확한 부피를 대체한다는 지식을 활용한 사람은 없었다. 아르키메데스는 그 사실을 관찰하면서 모양이 불규칙하더라도 물체의 용적(容積)을 쉽게 찾을 수 있는 방법을 알아냈다.

매달린 추가 움직일 때 마찰과 공기의 저항에 의해 정지할 때까지 앞뒤로 규칙적으로 흔들린다고 누구나 알고 있었지만, 이 정보를 실용적으로 중요하다고 생각하는 사람은 없었다. 그러나 소년 갈릴레오는 피사의 대성당에서 우연히 흔들리는 램프를 보면서 그 진동의 규칙성에서 진자의 유용한 원리를 발견했다. 감옥의 철문도 그의 연구를 막을 수 없었다. 그는 감옥의 짚으로 실험해 같은 지름의 튜브와 막대의 상대적 강도에 관한 귀중한 교훈을 얻었다.

오랫동안 천문학자들은 토성의 고리를 잘 알고 있었고, 그것을 행성 형성 법칙에 대한 호기심 어린 예외로만 여겼지만, 라플라스는 그것이 예외가 아니라 불변하는 별 생성 과정의 특정 단계에 있는 가시적 증거의 유일한 것이라고 보고, 그것이 보이는 무언의 증언을 통해 창조의 과학사에 귀중한 장을 추가했다.

유럽에서 북대서양 너머에 무엇이 있을지 궁금해하지 않은 선원은 없었지만, 대담하게 미지의 바다로 나아가 새로운 세계를 발견하는 일은 콜럼버스에게만 남겨진 일이었다.

나무에서 떨어지는 사과가 무수히 많았고, 종종 무심한 사람들의 머리를 때리기도 했지만, 뉴턴은 사과가 행성을 궤도에 고정하고 우주에 있는 모든 원자의 운동량이 혼돈으로 거칠게 되돌아가는 것을 방지하는 동일한 법칙에 따라 지구로 떨어진다는 사실을 처음으로 깨달았다.

번개는 사람들의 눈을 현혹하고, 천둥은 아담 시대부터 사람들의 귀에 충격을 주었지만, 번개와 천둥이 그 안에 엄청난 전기 에너지가 있다는 사실을 사람들에게 환기하는 노력은 모두 무위로 끝났다. 하지만 프랭클린이 간단한 실험을 통해 번개가 제멋대로이지만 통제할 수 있는 힘이며, 공기와 물처럼 풍부하다는 것을 증명하고 나서야 비로소 하늘의 대포 발사를 공포의 귀와 눈으로 보거나 듣지 않아도 되었다.

다른 많은 사람과 마찬가지로 이들도 인류 전체에 주어진 공통의 기회를 개선했기 때문에 위대하다고 여겨진다. 성공한 사람의 이야기를 읽고 수천 년 전 솔로몬이 말한 교훈을 새겨보라. "네가 자기 사업에 부지런한 사람을 보느냐? 그는 왕들 앞에 서리라." 이 잠언은 다섯 명의 왕 앞에 서고 두 명의 왕과 식사를 한 부지런한 벤저민 프랭클린의 경력을 통해 잘 설명된다.

기회를 개선하는 사람은 자신과 타인을 위한 기회라는 열매를 거둘 씨앗을 뿌린다. 과거에 정직하게 노력한 사람은 다른 사람이 지식과 편안함을 더 많이 이용할 수 있도록 돕는다.

술 마시지 않고 검소하고 활기차고 유능한 기술자, 교육받은 젊은이, 사무실에서 심부름하는 소년, 가게에서 일하는 점원에게 기회는 그 어느 때보다 더 많이, 더 넓게, 더 쉽게 열려 있으며, 이런 계층이 그 어느 때보다도 더 큰 성공을 거둘 수 있는 길이 생겼다. 얼마 전까지만 해도 서너 개에 불과했던 전문 직업이 지금은 50개가 되었다. 그리고 거래의 종류도 예전에는 하나밖에 없었는데, 지금은 100개가 넘는다.

"그 이름이 무엇입니까?" 스튜디오에서 한 방문객이 많은 신(神)들 사이에서 얼굴이 머리카락으로 가려지고 발에 날개가 달린 신을 보았을 때 물었다. 조각가는 "기회"라고 대답했다. "왜 얼굴이 숨겨져 있습니까?" "왜냐하면 그가 사람들에게 다가갈 때 사람들이 그를 거의 알아보지 못하기 때문이죠." "왜 발에 날개를 달았죠?" "왜냐하면 그는 곧 사라지고, 한번 사라지면 따라잡을 수 없기 때문이죠."

"기회는 앞에 머리카락이 있고, 뒤는 대머리이며, 앞머리를 잡으면 붙잡을 수 있지만, 도망치면 주피터도 다시 잡을 수 없다"라고 한 라틴 작가는 말한다.

사용할 수 없거나 사용하지 않는다면 가장 좋은 기회가 무슨 소용이 있을까?

"불운한 증기선 센트럴 아메리카호를 만난 것은 어찌할 수 없는 운명이었다." 한 선장이 말했다. 밤이 깊어 가고 바다는 높은 파도를 일으키고 있었다. 나는 불능이 된 증기선에 소리 질러 도움이 필요하냐고 물었다. "지금 가라앉고 있어요." 허든 선장이 외쳤다. "승객들을 제 배로 보내는 게 낫지 않겠습니까?" 내가 물었다. "아침까지 내 곁에 있어 주지 않겠소?" 허든 선장이 대답했다. "노력해 보겠습니다만, 지금 승객들을 제 배로 보내는 것이 낫지 않겠습니까?"라고 나는 말했다. "아침까지 내 옆에 있어 달라고요"라고 다시 허든 선장이 외쳤다.

"나는 그 옆에 있으려고 했지만 밤에는 바다가 심하게 요동쳤기 때문에 위치를 유지할 수 없었고, 다시는 증기선을 보지 못했다. 그가 '아침까지 내 곁에 있어 달라'라고 말한 지 한 시간 반 만에 화물을 가득 실은 그 배가 가라앉았다. 선장과 승무원, 그리고 승객 대부분이 깊은 물에 수장되었다."

허든 선장은 더 이상 손쓸 수 없을 때 놓쳤던 기회의 소중함을 깨달았겠지만, 마지막 순간에 자책의 쓰라림이 무슨 소용이 있을까. 그의 어리석은 희망과 우유부단함으로 인해 얼마나 많은 생명이 희생되었는가! 그와 같이 연약하고 느리고 목적 없는 사람들은 종종 가장 행복할 때는 의미를 찾지 못하고, 흘러간 물로는 방앗간을 돌릴 수 없다는 오래된 교훈을 너무 늦게 배운다.

그런 사람들은 항상 모든 시도에서 너무 늦거나 너무 빠르다. "그들은 각각 세 개의 손을 가지고 있다. 오른손, 왼손, 그리고 미루는 손"이라고 존 B. 고프는 말한다. 소년 시절, 그들은 학교에 지각하고 가정에서 의무를 지키지 않았다. 그런 습관이 몸에 배어 이제 책임감이 요구될 때, 그들은 어제만 같다면 그 상황을 잡을 수 있거나 내일이면 아마도 잡을 수 있을 것으로 생각한다. 그들은 돈을 벌 수 있었던 수많은 기회를 회상하거나, 지금이 아닌 다른 시기에 돈을 버는 방법을 알고 있으며, 미래에 자신을 발전시키거나 다른 사람을 도울 방법을 알고 있지만 현재에는 없다고 인식한다. 그들은 기회를 잡을 수 없다.

숙박 열차의 후방 브레이크맨인 조 스토커는 철도원들 사이에서 인기가 높았다. 승객들 역시 그를 좋아했는데, 그는 항상 친절하고 질문에 대답할 준비가 되어 있었다. 하지만 그는 자신의 직업에 대한 책임감을 깨닫지 못했다. 그는 "세상을 만만하게 생각"하고 가끔 술에 취하기도 했으며, 누군가 항의하면 가장 환한 미소를 지으며 그 사람이 위험을 과대평가했다고 생각해 상냥한 태도로 "고마워요. 전 괜찮아요. 걱정하지 마세요"라고 말했다.

어느 날 저녁 폭설이 내렸고, 기차가 연착되었다. 그는 폭풍 때문에 하게 된 추가 근무를 불평하며 납작한 병에 든 술을 교묘하게 마셨다. 그는 곧 유쾌해졌지만, 열차의 차장과 기관사는 불안에 떨었다.

두 역 사이에서 기차가 급정거하게 되었다. 엔진이 실린더 헤드를 날려버렸고, 몇 분 뒤에 같은 선로로 급행열차가 도착할 예정이었다. 차장은 서둘러 뒤칸으로 달려가 조에게 빨간불을 들고 뒤로 가라고 지시했다. 조는 웃으며 말했다.

"서두를 필요 없어요. 외투 입을 때까지 기다리세요."

차장은 심각하게 말했다. "조, 잠시도 멈추면 안 돼요. 급행열차가 곧 도착해요."

"알았어요." 조가 웃으며 말했다. 차장은 엔진 앞으로 달려갔다.

그러나 브레이크맨은 즉시 가지 않았다. 그는 외투를 입기 위해 멈췄다. 그런 다음 추위를 막기 위해 납작한 병에서 한 모금을 더 마셨다. 그런 뒤 천천히 랜턴을 잡고 휘파람을 불며 트랙을 따라 천천히 움직였다.

그가 열 발짝도 가지 않았을 때 급행열차의 씩씩 하는 소리가 들렸다. 그는 커브를 향해 달려갔지만, 너무 늦었다. 끔찍한 순간에 급행열차의 엔진이 서 있던 열차를 들이박아 짧게 만들어버렸고, 뒤엉킨 승객들의 비명이 쉭쉭 증기가 빠져나가는 소리와 함께 들렸다.

나중에 사람들이 조를 찾았을 때 그는 사라지고 없었다. 다음 날 헛간에서 정신이 혼미한 채로 상상 속의 기차 앞에서 빈 랜턴을 흔들며 "아, 내가 그랬더라면!"이라고 외치는 모습으로 발견되었다.

그는 집으로 끌려왔고, 그 후 정신병원으로 옮겨졌는데, 그 슬픈 곳에서 "아, 내가 그랬더라면!"이라고 끊임없이 중얼거렸다. 범죄를 불러일으킨 방종으로 많은 사람에게 재앙을 준 그 불운한 브레이크맨이 내는 신음보다 더 슬픈 소리는 없었다.

"아, 내가 그랬더라면!" 또는 "아, 내가 그러지 않았더라면!"은 오래전에 했던 실수를 되돌릴 수 있다면 목숨이라도 바칠 각오가 있는 수많은 이들의 소리 없는 외침이다.

"몇 년보다 더 가치 있는 순간이 있다"라고 딘 앨포드는 말한다. "우리는 어떻게 할 수 없다. 중요도와 가치에서 시간 사이의 공간과 비례하는 것은 없다. 무심코 지나친 5분의 시간 속에 한 사람의 인생이 담겨 있을 수도 있다. 그리고 그토록 중요한 순간이 언제 우리에게 다가올지 누가 알 수 있을까?"

아널드는 "우리가 전환점이라고 부르는 것은 이전에 받은 훈련을 요약해 그것을 결과로 가져오는 것일 뿐이다. 우연한 상황은 그것을 이용하도록 훈련받은 사람이 아니라면 아무런 의미가 없다"라고 말한다.

우리의 문제는 부나 명성, 가치를 얻을 수 있는 절호의 기회를 항상 찾고 있다는 것이다. 우리는 에머슨이 오늘날의 "얄팍한 미국주의"라고 부르는 것에 현혹되어 있다. 우리는 도제식 교육 없이 장인이 되고, 공부 없이 지식을 쌓고, 빚으로 부자가 되기를 기대하고 있다.

젊은이여, 왜 종일 멍하니 서 있는가? 여러분이 태어나기도 전에 땅이 모두 점령당했는가? 땅이 확장되기를 멈추었는가? 차지할 자리가 모두 없어졌는가? 그 자리는 모두 채워졌는가? 기회가 모두 사라졌는가? 여러분 나라의 자원은 모두 개발되었는가? 자연의 비밀이 모두 밝혀졌는가? 이 지나가는 순간을 활용해 자신을 발전시키거나 다른 사람에게 혜택을 줄 수 있는 방법은 없는가? 현대의 경쟁이 너무 치열해서 단순히 하루하루 소박하게 생계를 유지하는 것으로 만족해야 하는가? 순전히 동물적 존재의 총합을 하나씩 늘려가는 이 전진의 시대에, 당신은 과거의 경험을 영감으로 바꾸는 삶의 선물을 어디서 얻는가?

전례 없이 지식과 기회가 풍부한 시대와 나라에서 태어났는데, 어떻게 하느님께서 이미 필요한 능력과 힘을 주신 일에 두 손을 놓고 앉아서 하느님께 도움을 청할 수 있는가? 선민들이 홍해에서 그들의 전진이 가로막혀 지도자가 하느님의 도움을 구하기 위해 잠시 멈췄을 때 하느님께서는 "네가 어찌하여 내게 부르짖느냐? 이스라엘 자손에게 말하여 그들이 앞으로 나아가게 하라"라고 말씀하셨다.

세상은 해야 할 일로 가득하고, 인간의 본성은 유쾌한 말 한마디나 사소한 도움으로도 동료에게 닥친 재앙의 물결을 막거나 성공의 길을 열 수 있게 한다. 우리의 능력은 정직하고 진지하며 끈질긴 노력으로 최고의 선을 찾을 수 있게 되어 있으며, 과감히 도전하고 실천하도록 격려하는 수많은 고귀한 모범이 있기 때문에 우리는 매 순간 새로운 기회의 문턱에 도달하게 된다.

기회를 기다리지 마라. 양치기 소년 퍼거슨이 한 줌의 유리구슬을 줄에 매달아 별의 거리를 계산했던 것처럼 기회를 만들라. 조지 스티븐슨이 탄광의 지저분한 석탄 마차 옆면에 분필로 수학의 규칙을 익혔을 때처럼 만들어 보라. 나폴레옹이 백 가지 "불가능한" 상황에서 자신의 것을 만들었듯이 그것을 만들라. 전쟁과 평화에서 모든 지도자가 성공의 기회를 만들었듯이 그것을 만들라. 황금 같은 기회는 게으름과 무관하고, 근면은 가장 보편적인 기회를 황금으로 만든다.

인간사에는 흐름이 있다.
홍수를 겪고 나면 행운으로 이어진다.
인생의 모든 항해에서 그것을 겪지 않으면
얕은 곳에 묶이거나 불행에 빠진다.
우리는 그것이 주는 급류를 받아들여야 한다.
그렇지 않으면 모험을 잃는다.

그것은 다시 오지 않는다. 그렇다면 그때를 붙잡아라.
행운이 미소 짓고 의무가 길을 가리킬 때,
허깨비 같은 공포를 피하려고 움츠리지 마라.
쾌락이 나무 그늘에서 손짓을 할지라도 멈추지 마라.
용감하게 목표를 향해 나아가라.

2장

사람이 필요하다

필요한 건 사람이다.
적합하고 현명한 시스템이 아니다.
엄격한 시각을 가진 믿음이 아니다.
산더미처럼 쌓인 재물이 아니다.
은혜로운 미소를 가진 권력이 아니다.
강력한 펜도 아니다.
필요한 건 사람이다.

"우리를 구할 사람이 어디 있냐고 세상은 외친다. 우리는 사람을 원한다. 그 사람을 멀리서 찾지 마라. 바로 당신 곁에 있다. 그 사람은 당신이고, 나이고, 우리 각자이다! 어떻게 자신을 그 사람으로 만들 수 있을까? 방법을 알려 하지 않는다면 이보다 어려운 것이 없고, 알려 한다면 이보다 쉬운 것이 없다." • 알렉산드르 뒤마

디오게네스는 고대 아테네에서 정오에 등불을 들고 완벽하게 정직한 사람을 찾으러 다녔지만 헛수고였다. 한번은 시장에서 큰 소리로 외쳤다. "오, 사람들아, 내 말을 들어라." 그리고 군중이 그의 주위에 모이자 그는 비웃으며 말했다. "나는 사람을 부른 것이지 난쟁이를 부른 것이 아니다."

세계의 모든 직종, 모든 직업, 모든 소명의 문 위에는 광고가 있다. "사람 구함."

군중 속에서 개성을 잃지 않는 사람, 세상이 모두 "예"라고 말해도 "아니오"라고 말하는 것을 두려워하지 않는 신념의 용기를 가진 사람을 원한다.

강력한 목적에 지배되더라도 하나의 위대한 능력이 자신의 인간성을 왜소하게 만들거나, 불구로 만들거나, 뒤틀거나 훼손하는 것을 허용하지 않는 사람, 한 능력의 과도한 발달이 다른 능력의 발달을 방해하거나 마비시키는 것을 허용하지 않는 사람을 원한다.

자신의 소명보다 더 큰 것을 추구하고, 자신의 직업을 단지 생계 수단으로만 여기는 것을 낮게 평가하는 사람을 원한다. 자기계발, 교육과 문화, 규율과 훈련, 인격과 인간다움을 자신의 직업에서 보는 사람을 원한다.

하나의 종교 교단에 천 개의 강단이 비어 있고, 천 명의 설교자가 시장에서 한가로이 서 있으며, 천 개의 교회 위원회가 그 빈 강단을 채울 사람을 찾기 위해 땅을 뒤지고 다니지만 찾지 못한다. 이것은 적어도 한 방향에서는 기회가 얼마나 큰지, 좋은 사람을 얼마나 필요로 하는지 보여준다.

본성의 어느 부분에서도 겁쟁이가 아닌 용기가 있는 사람을 원한다.

유용성을 훼손하고 무력화하는 작은 약점의 저주를 받지 않는 균형 잡힌 사람을 원한다.

일방적이지 않고 대칭적으로 발달한 사람, 존재의 모든 에너지를 하나의 좁은 전문 분야로 보내 삶의 다른 분야를 시들거나 죽게 하지 않는 사람을 원한다. 사물을 반쯤 보지 않고 폭넓게 볼 수 있는 사람을 원한다. 상식과 이론을 겸비한 사람, 대학 교육이 실제의 일상생활을 망치지 않는 사람, 보여주기보다 실체를 선호하는 사람, 자신의 명성을 귀중한 보물로 여기는 사람을 원한다.

"금욕주의자가 아니라 생명과 열정으로 가득 차 있지만 강한 의지에 주의를 기울이도록 훈련된 사람, 부드러운 양심에 복종하는 사람, 자연이든 예술이든 모든 아름다운 것을 사랑하고 모든 사악한 것을 미워하며 타인을 자신처럼 존중하는 법을 배운" 사람을 원한다.

세상은 전면적으로 교육받은 사람을 원한다. 신경이 가장 예민한 감성에 연결된 사람, 교양 있고 예리하며 결단력 있고 폭넓게 이해하는 사람, 손이 능숙한 사람, 눈이 기민하고 민감하며 미세한 것을 볼 수 있는 사람, 심장이 부드럽고 관대하며 진실한 사람을 원한다.

전 세계가 그런 사람을 찾고 있다. 수백만 명의 실업자가 있지만 거의 모든 분야에서 적합한 사람을 찾는 것은 거의 불가능하다. 우리는 어디에서나 이 광고를 볼 수 있다. "사람 구함."

루소는 교육에 관한 유명한 에세이에서 "자연의 질서에 따르면, 인간은 평등하며 그들의 공통된 소명이 인류의 직업이다. 인간의 의무를 다할 수 있게 잘 교육받은 사람이라면 그와 관련된 어떤 직책도 수행할 준비가 되어 있다"라고 말한다. "나의 제자가 군대, 강단 또는 변호사를 위해 계획되었는지 여부는 나에게 중요하지 않다. 자연은 우리를 사회라는 목적지에 앞서 인간의 삶이라는 곳으로 향하도록 정하셨다. 사는 것을 가르치는 것이 나의 직업이다. 내가 그 일을 마쳤을 때, 그는 군인도, 변호사도, 성직자도 아닐 것이다. 먼저 그를 사람이 되게 한다. 그러면 행운의 여신이 뜻하는 대로 그를 한 지위에서 다른 지위로 옮길 것이며, 그는 항상 그의 자리에서 발견될 것이다."

에머슨이 말했듯이, 탈레랑의 질문은 언제나 중요한 하나였다. 그것은 부자인가, 열성적인가, 선의가 있는가, 이 학위를 가졌는가, 저 학위를 가졌는가, 운동 단체에 소속되어 있는가, 기관에 소속되어 있는가가 아니었다. 그것은 그는 어떤 사람인가, 무엇을 대변하는가였다. 그는 분명 좋은 사람일 거야. 그것이 탈레랑이 질문하고, 인류의 상식이 질문했던 전부였다.

어린 시절 가필드는 자신이 무엇이 되고 싶냐는 질문을 받았을 때 이렇게 대답했다. "우선 저를 사람으로 만들어야 합니다. 그것에 성공하지 못하면 아무것도 성공할 수 없습니다."

몽테뉴는 우리가 할 일은 영혼만 훈련하는 것도 아니고, 육체만 훈련하는 것도 아닌, 사람을 훈련하는 것이라고 말했다.

오늘날 세상에서 가장 필요한 것은 선한 동물로서의 남성과 여성이다. 우리의 집중된 문명에 있는 긴장을 견디려면 다가올 시대의 남자와 여자는 좋은 육체와 충분한 동물적 영혼을 가져야 한다.

영혼의 테두리 속에 넘치는 건강을 두는 활기차고 웅장한 남성성보다 더 영광스러운 것이 있을까?

튼튼하고 독립적이며 자립하는 남성을 만드는 것을 목표로 하는 우리의 웅장한 교육 기관을 졸업하는 매년 수천 명의 학생이 튼튼한 참나무 대신 묘목으로, 똑똑한 남자 대신 "기억 분비선"으로, 자립하는 대신 무력하고, 튼튼한 대신 병약하고, 강한 대신 약하고, 직립 대신 기울어진 것으로 밝혀지는 것을 보는 것은 슬픈 일이다. "유망한 젊은이는 많지만 완성된 남자는 없다!"

　성격은 신체의 본성에 공감해 그 본성을 무의식적으로 취한다. 화를 잘 내고 으르렁거리며 병든 남자는 건강하고 튼튼하며 쾌활한 남자에게 가능한 성격의 힘을 계발할 수 없다. 인간의 마음에는 온전함에 대한 사랑, 최고의 기준에 도달해야 한다는 욕구가 있으며, 예방 가능한 결핍에 대한 저항 또는 경멸이 있다. 자연 역시 인간에게 항상 최상의 상태를 요구한다.

　밀물이 들어올 때 해변에 서 있으면 한 파도가 이전의 어떤 파도보다 훨씬 높은 곳에 도달했다가 물러나는 것을 본다. 그리고 한동안 뒤따라오는 파도는 그 지점까지 올라오지 않지만 이내 바다 전체가 그 지점을 넘어 있다. 마찬가지로 때로 동료 인간보다 머리와 어깨가 더 높은 사람이 나타나 자연의 여신이 이상을 잃지 않았음을 보여주지만, 잠시 후 평범한 사람조차도 세상에 주어진 가장 높은 인간성의 물결을 넘어설 것이다.

　아펠레스는 수년 동안 그리스 전역을 다니며 아름다운 여성의 가장 아름다운 곳을 연구했다. 그는 여기서는 눈, 저기서는 이마와 코, 여기서는 우아함, 저기서는 아름다움을 연구해 세상을 매혹시킨 완벽한 여성의 유명한 초상화를 그렸다. 마찬가지로 다가오는 시대의 남자는 여러 가지가 하나로 합쳐진 복합체가 될 것이다. 그는 약점이나 어리석음이 아니라 다른 유형의 남성의 힘과 미덕을 흡수할 것이다. 그는 최고의 권력에 오르는 사람이 될 것이다. 그는 자주적이고 평정심을 유지하며 항상 자신을 지배하는 사람이 될 것이다. 그의 감성은 자연의 법칙을 어긴다고 해서 무뎌지거나 죽지 않을 것이다. 그의 성격 전체가 감수성이 풍부하고, 자연의 가장 섬세한 손길에 반응할 것이다.

모든 교육과 훈련의 첫 번째 요건은 인재(人材)여야 한다. 튼튼한 목재는 잘 자란 튼튼한 나무에서 나와야 한다. 그런 나무로 돛대를 만들 수 있고 피아노나 정교한 조각품도 만들 수 있다. 먼저 목재가 되어야 한다. 시간과 인내가 묘목을 나무로 성장시킨다. 따라서 규율, 교육, 경험을 통해 어린 묘목이 강건한 정신, 도덕, 육체를 지닌 어른 목재로 성장한다.

젊은이가 하는 모든 진술은 정확히 진실이어야 하고, 모든 약속은 정말로 그대로 지켜야 하며, 모든 시간 약속은 다른 사람의 시간을 충분히 존중해 가장 엄격하게 지켜야 한다는 굳은 결심으로 시작한다면, 만약 그가 자신의 명성을 귀중한 보물로 여기고, 세상의 눈이 그를 주시하고 있다고 느끼며, 진실과 옳음에서 한 치의 오차도 없으며, 처음부터 그런 태도를 보인다면, 그는 조지 피바디처럼 그를 아는 모든 사람으로부터 거의 무한한 신용과 신뢰를 얻게 될 것이다.

궁궐과 관직이 무엇이란 말인가? 어떤 사람이 자신의 직책으로 대륙을 덮을 수 있고, 상업으로 바다를 덮을 수 있다고 해도, 의식적으로 바르게 행동하고, 고발자의 목소리에도 창백해지지 않는 얼굴과, 노출에 대한 두려움에 떨지 않는 가슴과, 뒤집어도 불명예의 얼룩을 드러내지 않는 마음과 비교할 수 있을까? 다른 사람에게 잘못을 저지르지 않는 것, 하늘에 있는 가장 순수한 천사가 증인이 되지 않을 법한 서류에는 서명하지 않는 것, 자신의 욕망과 그 욕망의 충족 사이에는 눈에 보이지 않는 정직의 법칙을 제외하고는 아무것도 없는 것, 자기 것이 아닌 것에는 유혹되지 않는 것, 이것이 바로 사람이 되는 것이다.

인간은 우주에서 유일하게 위대한 존재이다. 모든 시대는 완벽한 모델을 만들기 위해 노력해왔다. 오직 한 사람만이 완전한 인간이 되었을 뿐이다. 우리 중 최고는 앞으로 올 것의 예시일 뿐이다.

국가를 구성하는 요소는 무엇인가?
두꺼운 벽이나 해자에 둘러싸인 문이 있는
높은 요새나 공들여 만든 토성이 아니다.
첨탑과 포탑으로 치장한 자랑스러운 도시도 아니다.
폭풍우를 비웃으며 달리는 부유한 해군이 있는
만과 넓은 항구가 아니다.
교양이 낮은 조악함이 자부심에 향수를 뿌리는
성조기가 있는 법원이 아니다.
사람들, 고귀한 마음의 사람들이다.
둔한 짐승들보다 훨씬 강한 힘으로
숲, 덤불, 굴에서
짐승이 차가운 바위와 버릇없는 검은딸기나무를 능가하듯이 그들의 의무를 아는 사람들이다.
그들의 권리를 알고, 대담하게 유지하려고 한다.
오랫동안 노리던 타격을 막아내고
사슬을 찢어발기면서 폭군을 으스러뜨린다. • 윌리엄 존스

신이 우리에게 사람들을 주셨다. 이런 때일수록
강한 정신, 큰마음, 진실한 믿음과 준비된 손들이 필요하다.
직책에 대한 정욕이 죽이지 못하는 사람들,
직책의 전리품으로도 살 수 없는 사람들,
의견과 의지를 가진 사람들,
명예를 가진 사람들, 거짓말하지 않는 사람들,
선동가 앞에 맞설 수 있는 사람들,
그리고 배신적인 아첨에 윙크하지 않고 경멸하는 사람들,
공적인 의무와 사적인 생각에서
안개 위에 사는 태양 왕관을 쓴 큰 사람들이다. • 아논

3장

당신이 있는 곳의 기회

모든 사람의 인생에는 최고의 순간이 찾아온다.
어느 날, 어느 밤, 어느 아침, 어느 정오,
한 시간, 한순간이 절호의 기회이다.
숭고한 성취가 빛나는 하나의 균열,
운명이 물줄기와 함께 흘러가는 한 공간,
너무 늦거나 너무 빠르거나 사이의 균형 잡힌 한 번,
그리고 지나가는 순간의 은혜가
불확실한 빛을 비출 때를 준비하라.
아, 기다리는 법을 아는 사람은 행복하다.
지켜보고 일하고 견디는 법을 알고 있다.
인생의 넓은 갑판 경계와 뱃머리에서,
기회의 손을 뻗어,
지나가는 순간을 포착하기 위해, 운명과 함께 크게,
운명의 위대한 시계가 울리는 지금!

• 메리 A. 타운센드

기회를 이용하지 못하는 사람에게 기회란 무엇일까? 시간의 파도에 씻겨 존재하지 않는 것으로 변해버리는 수정되지 않은 알이다.　• 조지 엘리엇

인생의 성공 비결은 기회가 왔을 때 기회를 잡을 준비가 되어 있는 것이다.　• 디즈레일리

한 젊은 법대생이 대니얼 웹스터*에게 "더 이상 젊은이에게 좋은 기회는 없다"라고 불평했다. 위대한 정치가이자 법률가였던 그는 "정상에는 항상 자리가 있다"라고 대답했다.

수천 명의 가난한 소년이 부자가 되고, 신문 배달 소년이 의회에 진출하고, 가장 낮은 지위에서 태어난 사람이 가장 높은 지위에 오르는 이 나라에서 기회가 없다고? 세상이 곧 모든 문이며, 그 문을 이용하려는 자에게 모든 기회가 있다. 그러나 구원의 열쇠를 항상 가지고 있었지만 그 사실을 잊어버려 절망 거인의 성 지하 감옥에 갇힌 존 버니언의 순례자처럼, 우리는 가장 강한 자뿐만 아니라 가장 약한 자에게도 주어진 모든 좋은 것을 발전시키는 능력에 전적으로 의존하지 못한다. 우리는 외부의 도움에 너무 많이 의존한다.

"우리는 너무 높은 곳에서 찾는다.

---

* 이 책에는 두 명의 "웹스터"가 나온다. 한 명은 법률가로서 미국의 국무장관을 지냈던 대니얼 웹스터(Daniel Webster, 1782~1852)이고, 다른 한 명은 "웹스터 영어사전"을 만든 노아 웹스터(Noah Webster, 1758~1843)이다. 저자가 자주 인용하는 웹스터는 전자이다.

곁에 있는 것을."

볼티모어의 한 여성은 무도회에서 귀중한 다이아몬드 팔찌를 잃어버렸는데, 누가 망토 주머니에서 훔쳐 간 것으로 생각했다. 몇 년 후 그녀는 피바디 연구소의 계단을 닦으며 어떻게 하면 음식을 살 돈을 구할 수 있을지 고민했다. 그녀는 낡고 해진 망토를 잘라 후드를 만들었는데, 망토 안감에서 다이아몬드 팔찌를 발견했다. 가난할 때 그녀는 3,500달러 가치의 물건을 가지고 있었지만 그것을 알지 못했다.

가난하다고 생각하는 우리 중 많은 사람은 볼 수만 있다면 우리 주변에 다이아몬드보다 더 가치 있는 가능성과 기회가 풍부하다는 것을 알 수 있다. 동부의 대도시에서는 100명 중 적어도 94명이 집이나 가까운 곳에서, 그리고 일상적인 욕구를 충족시키는 데서 첫 번째 행운을 발견한 것으로 나타났다. 자신이 있는 곳에서 어떤 기회도 보지 못하고 다른 곳에서 더 잘할 수 있다고 생각하는 청년에게는 안타까운 일이다. 몇몇 브라질 목동은 금을 캐러 캘리포니아로 가기 위해 파티를 열었고 항해 중에 체커를 하려고 반투명 조약돌을 한 움큼 가져갔다. 샌프란시스코에 도착하고 나서 조약돌을 대부분 버린 후에, 그들은 그것이 다이아몬드라는 사실을 알았다. 그들은 서둘러 브라질로 돌아갔지만 조약돌을 채취한 광산을 다른 광부들이 차지해 정부에 팔아버렸다는 사실을 알았다.

네바다에서 가장 많은 매장량을 지닌 금은 광산을 소유한 주인은 42

달러를 받고 그 광산을 팔아넘겼다. 그 주인은 다른 광산으로 가는 여비를 마련하려고 팔았다. 그는 그곳에 가면 부자가 될 수 있다고 생각했다. 애거시 교수는 하버드 학생들에게 수백 에이커의 수익성 없는 숲과 바위로 이루어진 농장을 소유한 농부가 그 농장을 팔고 더 수익성 있는 사업에 뛰어들기로 결론을 내렸던 이야기를 들려준 적이 있다. 그는 석유 사업에 뛰어들기로 결심하고, 석탄 수치와 석유 매장량을 오랫동안 연구하고 실험했다. 그는 자신의 농장을 200달러에 팔고 200마일 떨어진 곳에서 새로운 사업에 뛰어들었다. 얼마 후, 농장을 사들인 남자는 농장에서 예전에 무지하게 흘려보냈던 석탄 기름이 엄청나게 흐르는 것을 발견했다.

수백 년 전 인더스강 기슭 근처에 알리 하페드라는 이름의 페르시아인이 살았다. 그는 강둑에 있는 오두막집에 살았는데, 그곳에서 바다까지 뻗은 아름다운 장관을 볼 수 있었다. 그는 아내와 자녀가 있었고, 넓은 농장, 곡식밭, 꽃밭, 과일 과수원, 수 마일의 숲이 있었다. 돈도 넉넉하고 원하는 것을 다 가졌다. 그는 만족스럽고 행복했다. 어느 날 저녁 부처의 사제가 그를 찾아와 불 앞에 앉아서 세상이 어떻게 만들어졌는지, 그리고 첫 햇빛이 어떻게 지구 표면에 응축되어 다이아몬드가 되었는지 설명해주었다.

노승은 엄지손가락 만한 햇빛 한 방울이 구리, 은, 금으로 이루어진 거대한 광산보다 더 가치가 있으며, 그중 하나로 자신의 농장과 같은 농장을 많이 살 수 있고, 한 줌으로 한 영토를 살 수 있으며, 다이아몬드 광산으로 한 왕국을 살 수 있다고 말했다. 알리 하페드는 그 말을 듣는 순간 더 이상 부자가 아니었다. 그는 불만에 휩싸였고 모든 부는 사라졌다. 다음 날 아침 일찍 그는 자신의 불행을 초래한 노승을 깨워 어디서 다이아몬드 광산을 찾을 수 있는지 간절히 물었다. "다이아몬드로 무엇을 하려고 하십니까?" 깜짝 놀란 노승이 물었다. "부자가 되어 내 아이들을 왕좌에 앉히고 싶습니다." "그럼 당신이 할 일은 다이아몬드를 찾을 때까지 찾아다니는 것뿐입니다." 노승이 말했다. "그런데 어디로 가야 하나요?" 가난한 농부가 물었다. "동서남북 어디로든 가십시오." 노승이 대답했다. "그곳을 찾았는지 어떻게 알 수 있습니까?" "높은 산맥 사이에 백사장을 흐르는 강을 발견하면, 그 백사장에서 다이아몬드를 발견할 수 있을 것입니다." 노승이 대답했다.

불만족한 그 남자는 원하는 것을 얻기 위해 농장을 팔고, 가족을 이웃에 맡기고, 이자로 번 돈까지 들고서 탐나는 보물을 찾으러 떠났다. 아라비아 산맥을 넘어 팔레스타인과 이집트를 거쳐 몇 년을 방황했지만 다이아몬드를 찾지 못했다. 돈이 다 떨어지고 굶주림이 그의 얼굴에 비쳤을 때, 자신의 어리석음과 누더기가 부끄러웠던 가난한 알리 하페드는 파도에 몸을 던져 익사했다. 한편, 농장을 산 사람은 주변 환경을 최대한 활용하고 다이아몬드나 성공을 위해 집을 떠나는 것을 믿지 않는 만족하는 사람이었다. 어느 날 낙타가 정원에서 물을 마시던 중 시냇가의 하얀 모래밭에서 번쩍이는 빛을 발견했다. 그는 조약돌 하나를 집어 들고 그 화려한 색채에 만족하여 집으로 가져가 벽난로 근처의 선반에 올려놓고는 모든 것을 잊었다.

알리 하페드를 치명적인 불만으로 채웠던 부처의 늙은 사제가 어느 날 농장의 새 주인을 찾아왔다. 그가 방에 들어서자마자 돌에서 번쩍이는 빛이 눈에 들어왔다. "여기 다이아몬드가 있다! 여기 다이아몬드가 있어!" 그는 매우 흥분한 목소리로 외쳤다. "알리 하페드가 돌아왔나요?" "아니요." 농부가 대답했다. "그건 다이아몬드가 아닙니다. 그냥 돌멩이일 뿐입니다." 그들은 정원에 들어가 손가락으로 백사장을 휘저었다. 첫 번째 다이아몬드보다 더 아름다운 다이아몬드가 거기서 빛나고 있었다. 그렇게 골콘다의 유명한 다이아몬드층이 발견되었다. 알리 하페드가 부를 찾아 해외로 나가는 대신 집에 머물면서 자신의 정원을 파는 것에 만족했다면 그는 농장 전체에 보석이 풍부했기 때문에 세계에서 가장 부유한 사람 중 한 명이 되었을 것이다.

당신에게는 당신만의 특별한 장소와 일이 있다. 그것을 찾아서 채우라. 이 글을 읽는 소년이나 소녀는 적겠지만, 그들은 가필드, 윌슨, 프랭클린, 링컨, 해리엇 비처 스토, 프랜시스 윌러드, 그리고 수천 명의 다른 사람이 가졌던 것보다 훨씬 더 나은 성공 기회를 가졌다. 하지만 성공하려면 기회가 왔을 때 이를 포착하고 개선할 준비가 되어 있어야 한다. 말 한마디, 날아간 화살, 지나간 삶, 놓쳐버린 기회, 이 네 가지는 다시 오지 않는다는 것을 기억하라.

더 많은 기회가 활용될수록 더 많은 기회가 창출된다는 것은 문명의 역설 중 하나이다. 최선을 다하는 사람에게 새로운 기회는 언제나 쉽게 찾아온다. 비록 기준이 높아졌고 경쟁이 심해져 예전처럼 두각을 나타내기는 쉽지 않겠지만 말이다. 에머슨은 "세상은 더 이상 진흙이 아니라 노동자의 손에 있는 철"이라며 "사람은 꾸준하고 거친 타격으로 스스로 자리를 만들어야 한다"라고 말했다.

수천 명의 사람이 남들이 지나치는 사소한 것으로 부를 쌓았다. 거미가 독을 얻는 꽃에서 벌이 꿀을 얻듯이, 어떤 사람은 가죽 조각, 면 폐기물, 슬래그, 철 줄밥 같이 가장 평범하고 하찮은 것에서 행운을 얻지만 다른 사람은 가난과 실패만을 얻는다. 거기에는 인류의 복지와 안락에 이바지하는 것이 거의 없다. 행운이 있을 수 있는 개선이 불가능한 음식이나 옷가지, 주방용품, 가정용 가구는 거의 없다.

기회? 기회는 우리 주변에 있다. 번개가 오랜 세월 전기의 위대한 힘에 대한 인간의 관심을 끌기 위해 노력한 것처럼, 자연의 힘은 인간을 위해 사용되기를 간청하고 있다. 관찰하는 눈을 통해 발견되기를 기다리는 힘이 모든 곳에 숨어 있다.

세상이 필요로 하는 것이 무엇인지 알아낸 뒤, 그것을 공급하라. 굴뚝에서 연기가 엉뚱한 방향으로 가게 만드는 발명품은 매우 독창적일 수 있지만 인류에게는 아무 소용이 없을 것이다. 워싱턴의 특허청에는 기발한 메커니즘의 멋진 장치들이 가득하지만, 발명가나 세상에 하나도 쓸모가 없는 것이 수백 개나 된다. 그렇게 아버지가 쓸모없는 발명품을 연구하는 동안 수많은 가족이 궁핍과 비애 속에서 수년 동안 고생했다. A. T. 스튜어트는 어렸을 때 자본금이 1달러 50센트였는데, 고객이 전혀 찾지도 않는 단추와 실을 매입하는 바람에 87센트를 잃었다. 그 후 그는 대중이 원하지 않는 물건은 절대 사지 않는 것을 원칙으로 삼았고, 그렇게 해서 번창했다.

신발의 끈 구멍이 떨어졌지만 다른 신발을 살 여유가 없었던 한 관찰자는 "가죽에 리벳으로 고정할 수 있는 금속 끈 고리를 만들겠다"라고 혼잣말을 했다. 당시 그는 너무 가난해서 임차한 공동주택 앞에 있는 풀을 베기 위해 낫을 빌려야 했다. 그는 큰 부자가 되었다.

뉴저지주 뉴어크의 한 이발사는 머리를 자르는 가위를 개선할 수 있다고 생각해 클리퍼라는 머리 자르는 도구를 발명해 부자가 되었다. 메인주의 한 남자는 건초 밭에서 병든 아내로부터 옷을 빨아달라는 호출을 받았다. 그는 빨래가 무엇인지 전혀 몰랐다. 그는 그 방법이 느리고 힘들다는 것을 알게 되자 세탁기를 발명해 큰돈을 벌었다. 치통으로 극심한 고통을 겪던 한 남자는 치통을 예방할 수 있는 치아 메우는 방법이 있을 거라고 확신해 치아에 금을 씌우는 방법을 발명했다.

세상의 위대한 일은 부유한 사람에 의해 이루어지지 않았다. 에릭슨은 욕실에서 스크루 프로펠러를 만들기 시작했다. 조면기는 통나무집에서 처음 제조되었다. 해양 크로노미터의 위대한 발명가인 존 해리슨은 오래된 헛간 다락방에서 경력을 시작했다. 미국에서 최초로 운행된 증기선의 부품은 피치가 필라델피아의 한 교회 현관에 설치했다. 맥코믹은 제분소에서 그의 유명한 리퍼를 만들기 시작했다. 최초의 모형 드라이독은 다락방에서 만들어졌다. 매사추세츠주 우스터의 클라크대학교 설립자인 클라크는 마구간에서 장난감 마차를 만들면서 큰 부를 쌓기 시작했다. 파커는 딸의 도움을 받아 거실에서 우산을 만들다 다락방을 빌릴 수 있을 만큼 팔았다. 에디슨은 신문 배달원 시절 그랜드 트렁크 철도의 수화물 칸에서 실험을 시작했다.

미켈란젤로는 피렌체 길가의 쓰레기 사이에 버려진 카라라 대리석을 발견했는데, 어떤 솜씨 없는 인부가 자르고, 깨고, 망가뜨려서 버린 것이었다. 많은 예술가가 이 대리석의 훌륭한 품질을 알아보고, 버려진 것을 안타까워했을 것이다. 하지만 미켈란젤로는 폐허 속에서 천사를 보았고, 끌과 망치로 이탈리아에서 가장 훌륭한 조각상의 하나인 소년 다윗을 불러냈다.

패트릭 헨리는 게으른 소년, 쓸모없는 농부라고 불렸고, 상인으로서도 실패했다. 그는 항상 먼 미래의 위대함을 꿈꿨고, 버지니아의 옥수수와 담배, 안장주머니 사이에서 영웅이 될 것이라고 생각하지 않았다. 그는 6주 동안 법학을 공부한 후 변호사 사무실을 개업했다. 사람들은 그가 실패할 것이라고 생각했지만, 첫 번째 사건에서 그는 놀라운 웅변의 힘을 보여주었다. 그때 그는 자신이 버지니아에서 영웅이 될 수 있다는 사실을 처음으로 깨달았다. 인지 조례가 통과되고 헨리가 버지니아주 하원의원에 당선되어 미국 식민지에 대한 부당한 세금 부과에 반대하는 유명한 결의안을 제출하면서부터, 그는 미국의 뛰어난 연설가의 한 명이 될 때까지 꾸준히 성장했다. 이 결의안을 발표한 첫 연설에서 그는 다음과 같이 말했는데, 이는 그의 힘과 용기에 대한 예언이었다. "카이사르에게는 브루투스가 있었고, 찰스 1세에게는 크롬웰이 있었습니다. 조지 3세는 그 사례로부터 이득을 얻을 것입니다. 이것이 반역이라면 최대한 활용합시다."

대장장이의 아들이었던 위대한 자연 철학자 패러데이는 젊은 시절 험프리 데이비에게 왕립연구소에서 일하게 해달라는 편지를 보냈다. 데이비는 한 친구와 이 문제를 상의했다. "여기 패러데이라는 청년이 내 강의를 듣고서 자기를 왕립연구소에 취직시켜 달라고 편지를 보냈는데, 어떻게 하면 좋겠나?" "어떻게 하면 좋겠냐고? 병을 씻는 일을 시키게. 그가 어떤 일이든 잘한다면 곧바로 할 것이고, 거절한다면 아무 일도 할 수 없을 걸세." 약국 다락방에서 낡은 냄비와 유리병으로 틈만 나면 실험을 하던 소년은 병 세척에서 기회를 발견했고, 울위치 왕립아카데미에서 교수직을 맡게 되었다. 빈털터리였던 이 소년에 대해 틴달은 "세계 역사상 가장 위대한 실험 철학자"라고 말했다. 그는 과학계에서 그 시대의 경이로움이 되었다.

성모 마리아를 조각할 백단향나무 조각을 오랫동안 찾았던 한 예술가의 전설이 있다. 그는 절망에 빠져 자신의 비전을 실현하지 못한 채 포기하려던 찰나에, 꿈에서 불에 태워질 참나무 조각으로 성모상을 조각하라는 명령을 받았다. 그는 순종하여 평범한 장작으로 걸작을 만들었다. 우리 중 많은 사람이 조각에 사용할 백단향나무를 찾기 위해 기다리다 인생의 큰 기회를 놓치는데, 실제로는 우리가 태우는 흔한 통나무에 숨겨져 있다. 어떤 사람은 위대한 일을 할 기회를 보지 못한 채 인생을 살아가지만, 바로 옆의 다른 사람은 같은 상황에서 기회를 포착하여 위대한 결과를 얻을 수 있는 특권을 누린다.

기회? 기회는 어디에나 있다. "미국은 기회의 다른 이름이다. 우리의 모든 역사는 인류를 위한 신성한 섭리의 마지막 노력처럼 보인다." 그 어느 때보다 많은 기회가 열려 있다. 특히 소녀와 젊은 여성에게는 더욱 그렇다. 그들에게 새로운 시대가 열리고 있다. 불과 몇 년 전만 해도 문이 닫혀 있던 수백 개의 직업과 전문직이 이제 그들을 초청하고 있다.

우리가 모두 뉴턴, 패러데이, 에디슨, 톰슨처럼 위대한 발견을 하거나 미켈란젤로나 라파엘로처럼 불멸의 그림을 그릴 수는 없을 것이다. 하지만 우리는 모두 평범한 순간을 포착해 위대한 순간으로 만들어 우리의 삶을 숭고하게 만들 수는 있다. 황량한 등대 바위 위에서 노부모와 단둘이 살던 어린 소녀 그레이스 달링이 자신을 돋보이게 할 기회는 무엇이었을까? 부와 명예를 얻기 위해 도시로 이주한 형제자매들이 세상에 알려지지 않은 동안 그녀는 공주보다 더 유명해졌다. 이 가난한 소녀는 귀족들을 만나기 위해 런던에 갈 필요가 없었다. 그들이 그녀를 만나기 위해 등대에 왔다. 집에서 그녀는 왕위 계승자들이 부러워할 만한 명성을 얻었고, 이 땅에서 영원히 사라지지 않을 이름을 얻었다. 그녀는 명성과 부를 위해 몽환적인 먼 곳으로 방황하지 않고, 의무가 그녀를 배치한 곳에서 최선을 다했다.

부자가 되고 싶다면 자신과 자신의 필요를 연구하라. 수백만 명이 같은 필요를 가지고 있다는 것을 알게 될 것이다. 가장 안전한 사업은 항상 인간의 주요 필요와 관련이 있다. 인간은 의복과 주거가 있어야 하고 먹어야 한다. 안락함을 원하고, 즐거움, 교육, 문화를 위한 모든 종류의 시설을 원한다. 인류의 큰 필요를 충족시키고, 사람들이 사용하는 방법을 개선하고, 안락함에 대한 수요를 충족시키거나, 어떤 식으로든 그들의 복지에 기여할 수 있는 사람이라면 누구나 큰돈을 벌 수 있다.

"절호의 기회는
두 번 다시 오지 않으니 그때를 잡아라.
행운이 미소 짓고 의무가 길을 가리킬 때."

멀리 떨어져 있고, 도달할 수 없으며, 희미한 것들을
왜 그렇게 바라며 영원히 한숨을 쉬는가.
그대 주위에 아름다운 것들이 놓여 있는데
왜 그 낮은 찬송을 영원히 바치는가. •해리엇 윈슬로

4장

여분의 순간에 담긴 가능성

삶을 사랑하십니까? 그렇다면 시간을 낭비하지 마십시오. 그것이 인생의 구성 요소입니다. • 프랭클린

영원은 순간에서 오는 손실을 회복할 수 없다. • 고대 시인

Periunt et imputantur(시간은 흘러가고 우리는 그 시간에 책임을 져야 한다). • 옥스퍼드 시계 눈금판에 새겨진 글귀

나는 시간을 낭비했고, 이제 시간이 나를 낭비한다. • 셰익스피어

시간을 아껴 쓰면 나중에 당신의 가장 원대한 꿈을 뛰어넘는 이익으로 보답받을 것이고, 시간을 낭비하면 당신의 가장 암울한 계산을 뛰어넘는 지적, 도덕적 위상의 감소가 찾아올 것이다. 내 말을 믿으시오.
• 글래드스턴

잃어버렸다! 일출과 일몰 사이 어딘가에 각각 60분의 다이아몬드가 박힌 황금 시간 두 개가 있다. 하지만 영원히 사라져버렸기 때문에 보상은 제공되지 않는다.

• 호러스 맨

"그 책 얼마인가요?" 벤저민 프랭클린의 신문사 앞 매장에서 한 시간 동안 멍하니 서 있던 남자가 물었다. "1달러요." 점원이 대답했다. "그보다 싸게 해주시면 안 되나요?"라고 의자에 앉아 있던 남자가 반문했다. "1달러가 가격입니다"라는 대답이 돌아왔다.

구매 예정자는 판매 중인 책을 한참 살펴본 뒤 물었다. "프랭클린 씨 안에 있나요?" "계십니다. 지금 기자실에서 매우 바쁘십니다"라고 점원은 대답했다. "흠, 그를 보고 싶군요." 남자가 계속했다. 주인이 불려 나왔고, 그 낯선 사람이 물었다. "프랭클린 씨, 그 책에 대해 줄 수 있는 최저 금액이 얼마입니까?" "1달러 25센트요"라는 대답이 곧바로 돌아왔다. "1달러 25센트요? 왜요, 점원이 방금 1달러라고 했잖아요?" 프랭클린은 "사실입니다. 내 자리를 비우느니 차라리 1달러를 받는 게 더 나을 수도 있었어요"라고 대답했다.

그 남자는 놀란 표정을 지었지만, 자신이 원하는 흥정을 끝내고 싶었던 그는 이렇게 요구했다. "자, 이제 이 책에 대한 최저 가격을 말해 보세요." "1달러 50센트입니다." 프랭클린이 대답했다. "1달러 50센트요! 왜요? 당신이 직접 1달러 25센트라고 했잖소." 프랭클린은 냉정하게 "네, 그때는 지금의 1달러 50센트보다 그 가격을 받는 게 더 나을 수도 있었어요"라고 말했다.

그 남자는 조용히 카운터에 돈을 놓고 책을 들고 가게를 나갔고, 시간을 마음대로 부나 지혜로 바꾸는 기술의 대가로부터 유익한 교훈을 얻었다.

시간 낭비자는 어디에나 있다.

필라델피아에 있는 미국 조폐국의 금 작업실에는 바닥을 쓸 때 발생하는 미세한 금가루를 모으는 나무 격자통이 있는데, 이를 통해 연간 수천 달러에 달하는 금가루를 모을 수 있다. 따라서 성공한 사람은 대부분 사람이 인생의 낭비로 버리는 "존재의 조각들과 톱밥들, 하루의 남는 것들과 시간의 작은 것들"을 모을 수 있는 일종의 그물을 가지고 있다. 남는 분, 여분의 30분, 예상하지 못한 휴일, "시간 사이의 틈", 시간을 지키지 않는 사람을 기다리는 틈새를 모두 모아서 계산하는 사람은 이 귀중한 비밀을 터득하지 못한 사람을 놀라게 하는 결과를 얻는다.

엘리후 버릿은 "내가 성취했거나, 성취할 것으로 기대하거나 희망하는 모든 것은 입자 하나하나, 생각 하나하나, 사실 하나하나를 쌓아 올리는 인내심 있고 끈기 있는 축적의 과정을 통해 이루어졌고 앞으로도 그럴 것이다. 그리고 내가 야망에 의해 움직인 적이 있다면, 그 가장 높고 열정적인 야망은 우리나라의 젊은이에게 순간이라는 귀중한 시간 조각을 활용하는 데 있어 모범이 되고자 하는 희망에 지나지 않았다"라고 말했다.

버크의 의회 연설을 들은 후 그의 한 형제는 골똘히 생각한 뒤에 "네드가 어떻게 가족의 모든 재능을 독점하려 했는지 궁금했었다. 하지만 기억났다. 우리가 놀고 있을 때 그는 항상 공부하고 있었다"라고 말했다.

날들(days)은 변장한 친구처럼 우리에게 다가와 보이지 않는 손으로 귀중한 선물을 주지만, 우리가 그것을 사용하지 않으면 다시 돌아오지 않고 조용히 사라진다. 매일 아침 새로운 선물이 찾아오지만, 어제와 그 전날에 선물을 받아들이지 못했다면 감사하고 활용할 수 있는 능력이 소진될 때까지 점점 더 그 선물에 감사함을 느끼지 못한다. 잃어버린 재물은 근면과 절약으로, 잃어버린 지식은 학문으로, 잃어버린 건강은 절제와 의학으로 되찾을 수 있지만, 잃어버린 시간은 영원히 사라진다는 지혜의 말이 있다.

"식사 시간까지 5분이나 10분밖에 안 남았어. 할 수 있는 게 아무것도 없네"라는 말은 가정에서 가장 흔히 들을 수 있는 말 중 하나이다. 하지만 우리 중 많은 사람이 버리는 시간의 파편으로 기회가 없던 가난한 소년들이 쌓아 올린 금자탑은 무엇인가! 당신이 낭비한 그 시간이 개선되었다면 당신의 성공이 보장되었을지도 모른다.

매리언 할랜드는 아이들이 잠자리에 들었을 때, 그리고 자투리 시간이 날 때마다 소설과 신문 기사를 작성했다. 그녀는 이렇게 시간을 아끼면서 놀라운 업적을 이루었다. 그녀는 많은 것을 해냈지만, 그녀 역시 대부분 여성이 가정에서 해야 할 일 외에 다른 일을 시도하지 못하게 하는 방해를 받았다. 그녀는 다른 여성들이 거의 하지 않을 때 그 평범한 장소를 영광스럽게 만들었다. 해리엇 비처 스토 역시 긴박한 가사 돌봄 속에서 위대한 걸작인 《톰 아저씨의 오두막》을 집필했다. 비처는 저녁 식사를 준비하면서 프루드의 《잉글랜드》를 매일 조금씩 읽었다. 롱펠로는 커피가 끓기를 기다리면서 하루에 10분씩 짬짬이 《인페르노》를 번역했고, 그 작업을 끝낼 때까지 몇 년을 견뎠다.

휴 밀러는 석공으로 열심히 일하면서도 시간을 내어 과학 서적을 읽고 자신이 다룬 돌덩어리에서 얻은 교훈을 글로 썼다.

미래 프랑스 여왕의 동료였던 마담 드 젠리스는 매일 레슨을 해주던 공주를 기다리면서 매력적인 작품을 여러 편 작곡했다. 번스는 농장에서 일하면서 아름다운 시를 많이 썼다. 《실낙원》의 저자는 교사, 영연방 장관, 호민관 비서였으며 바쁜 일상에서 잠시 시간을 낼 수 있을 때마다 숭고한 시를 썼다. 존 스튜어트 밀은 동인도회사의 사무원으로 일하면서 작가로서 최고의 작품을 많이 썼다. 갈릴레오는 외과 의사였지만 남는 시간을 잘 활용했기 때문에 세계는 위대한 발견을 볼 수 있었다.

글래드스턴 같은 천재가 예기치 못한 순간을 놓치지 않기 위해 주머니에 작은 책 한 권을 넣고 다녔다면, 평범한 능력을 가진 우리는 소중한 순간을 망각으로부터 구하기 위해 무엇을 해야 할까? "위대한 노인"은 아주 작은 파편까지 저장하는데, 몇 달, 심지어 몇 년까지도 버리는 수천 명의 젊은 남녀의 삶은 얼마나 책망을 받아야 할까! 많은 위인이 성공하지 못해 의아해하는 사람들이 버리는 자투리 시간에서 자신들의 명성을 잡았다. 단테 시대에 이탈리아의 거의 모든 문인은 열심히 일하는 상인, 의사, 정치가, 판사 또는 군인이었다.

마이클 패러데이는 책을 제본하는 일을 하면서 남는 시간을 모두 실험에 바쳤다. 한번은 친구에게 이렇게 편지를 썼다. "내게 필요한 것은 시간뿐이다. 아, 현대 신사들의 남는 시간, 아니 남는 며칠을 싸게 살 수 있다면 얼마나 좋을까?"

오, 기적을 일으키는 끊임없는 근면의 힘!

알렉산더 폰 훔볼트는 낮에는 사업에 몰두해야 했기 때문에 과학 연구는 남들이 잠든 밤이나 새벽에 해야 했다.

하루에 한 시간만 경솔한 취미에서 벗어나 유익하게 사용한다면 평범한 능력을 가진 사람도 과학을 마스터할 수 있다. 하루에 한 시간만 투자하면 10년 안에 무지한 사람도 박식한 사람이 될 수 있다. 일간지 두 개와 주간지 두 개, 주요 잡지 두 개, 그리고 적어도 10권의 좋은 책을 살 수 있을 만큼의 돈을 벌 수 있다. 소년이나 소녀는 하루에 한 시간을 투자하면 20페이지를 읽을 수 있고, 연으로 환산하면 7천 페이지가 넘는 분량으로 18권이나 되는 책을 읽을 수 있다. 하루 한 시간은 무미 건조한 삶과 유용하고 행복한 삶 사이의 차이를 만들 수 있다. 하루 한 시간이 무명인을 유명인으로, 쓸모없는 사람을 인류의 은인으로 만들 수도 있고, 실제로 그렇게 만들기도 한다. 그렇다면 젊은 남녀가 재미와 기분 전환에 대한 불안한 욕망으로 평균적으로 버리는 하루 2시간, 4시간, 그렇다, 6시간의 엄청난 가능성을 생각해 보라!

모든 청년은 여가를 즐겁게 보낼 수 있는 유용한 취미를 가져야 한다. 그것은 그의 일과 일치할 수도 있지만, 그렇지 않다면 마음만 있어야 한다.

현명하게 선택한다면 취미가 주는 공부, 연구, 직업이 인격을 넓히고 가정을 변화시킬 것이다.

버크는 "너무 많은 게으름 외에 그를 막을 수 있는 것이 없다. 내가 관찰한 바로는, 어떤 종류의 직업을 택하든 게으름만큼 사람의 시간을 완전하게 잡아먹고 그를 자신의 주인으로 만들지 못하는 것이 없다"라고 말했다.

어떤 소년은 다른 사람이 부주의하게 버리는 시간 속에서 좋은 교육을 받기도 하고, 어떤 사람은 다른 사람이 실천하기 싫어하는 작은 절약으로 재산을 모으기도 한다. 너무 바빠서 하루에 한 시간도 자기계발에 투자하지 못하는 젊은이가 있을까? 버몬트의 유명한 제화공 찰스 프로스트는 하루에 한 시간씩 공부에 전념하기로 결심했다. 그는 미국에서 가장 유명한 수학자의 한 명이 되었으며 다른 지식 분야에서도 부러움을 사는 명성을 얻었다. 존 헌터도 나폴레옹처럼 4시간의 수면만 허용했다. 오언 교수는 헌터가 수집한 24,000개가 넘는 비교 해부학 표본을 정리하고 분류하는 데 10년이 걸렸다. 목수로 일하면서 학업을 시작한 소년에게는 대단한 기록이다!

존 Q. 애덤스는 그럴 자격이 없는 사람에게 자신의 시간을 빼앗긴 것에 대해 격렬하게 불평했다. 한 이탈리아 학자가 그의 문 위에 이런 문구를 붙였다. "누구든지 여기서 지체하는 사람은 내 수고에 동참해야 한다." 칼라일, 테니슨, 브라우닝, 디킨스는 자신의 작업을 방해하는 오르간 연주자들에게 항의했다.

역사상 가장 위대한 인물 중 상당수는 대부분의 사람이 낭비하는 자투리 시간으로 본업 외의 일에서 명성을 얻었다. 스펜서는 아일랜드 총독의 비서관으로 일하면서 남는 시간에 명성을 쌓았다. 존 러벅 경은 바쁜 은행 업무 시간 외에 틈틈이 선사시대 연구에 몰두한 덕분에 명성을 얻었다. 잠시도 게으름을 피우지 않았던 그는 100권의 책을 집필했다. 호손의 공책은 그가 우연한 생각이나 상황도 놓치지 않았다는 것을 보여준다. 프랭클린은 지칠 줄 모르는 노동자였다. 그는 공부할 시간을 확보하기 위해 식사와 수면 시간을 최대한 줄였다. 어렸을 때 그는 아버지가 식탁에서 오랫동안 감사기도를 하는 것에 조바심을 내어 아버지께

한 번에 통째로 기도해 시간을 아낄 수 없느냐고 물었다. 그는 《항해의 개선》과 《연기가 자욱한 굴뚝》과 같은 그의 최고의 작품을 선상에서 썼다.

라파엘의 짧은 서른일곱 해는 낭비된 삶에 대한 핑계로 "시간이 없다"라고 항변하는 사람들에게 얼마나 큰 교훈을 주는지 모른다!

위인들은 한순간도 낭비한 적이 없다. 키케로는 이렇게 말했다. "다른 사람이 대중 쇼와 오락, 심지어 정신적, 육체적 휴식을 위해 바치는 것을 나는 철학 연구에 바친다." 베이컨 경의 명성은 영국 총리 시절 여가를 활용한 작업에서 비롯되었다. 괴테는 위대한 군주와의 면담 중에 갑자기 자리에서 일어나 옆방으로 들어가 《파우스트》에 대한 생각을 잊어버리지 않기 위해 적어 내려갔다. 험프리 데이비 경은 약국 다락방에서 틈틈이 명성을 얻었다. 포프는 종종 밤에 일어나 바쁜 낮에는 떠오르지 않는 생각을 글로 옮기곤 했다. 그로트는 은행원 업무에서 남는 시간에 탁월한 저서인 《그리스 역사》를 집필했다.

조지 스티븐슨은 순간을 금처럼 소중히 여겼다. 그는 틈나는 대로 공부하며 최선을 다했다. 그는 엔지니어로 일할 때 야간 근무 중에 산수를 배웠다. 모차르트는 한순간도 개선하지 않고 지나가는 것을 용납하지 않았다. 그는 잠을 잘 수 있을 만큼 오래 작업을 멈추는 일이 없었고, 때로는 이틀 밤낮을 쉬지 않고 작곡을 하기도 했다. 그는 임종 직전에 그 유명한 〈레퀴엠〉을 작곡했다.

카이사르는 이렇게 말했다. "치열한 전쟁의 천막 아래서 나는 언제나 다른 것을 생각할 시간을 발견했다." 한번은 배가 난파되어 헤엄쳐서 해변에 도착해야 했지만, 그는 배가 가라앉을 때 작업 중이던 《갈리아 전쟁기》 원고를 챙겼다.

메이슨 굿 박사는 런던에 있는 환자들을 방문하기 위해 배를 타고 가면서 《루크레티우스》를 번역했다. 다윈 박사는 대부분의 작품을 틈나는 대로 종이에 생각을 적으며 집필했다. 와트는 수학 기기 제작자로 일하면서 화학과 수학을 배웠다. 헨리 커크 화이트는 연수하던 변호사 사무실을 오가며 그리스어를 배웠다. 버니 박사는 말을 타고 다니면서 이탈리아어와 프랑스어를 배웠다. 매슈 헤일은 판사로 순회하면서 《묵상》을 썼다.

현재라는 시간은 우리가 원하는 것을 만드는 원료이다. 과거에 대해 괴로워하거나 미래를 꿈꾸지 말고, 순간을 포착하고 그 시간에서 교훈을 얻으라. 한 시간의 가치를 정확하게 측정하고 완전하게 깨닫는 사람은 아직 태어나지 않았다. 페늘롱이 말했듯이, 하느님은 한 번에 한순간만 주시는 분이며 첫 번째를 거두어가시기 전에는 두 번째를 주지 않으신다.

브로엄 경은 한순간도 허비하는 것을 참지 못했다. 그는 체계적이어서 자신이 한 일의 십 분의 일도 성취하지 못한 사람보다 항상 더 많은 여유가 있는 것처럼 보였다. 그는 정치, 법률, 과학, 문학 분야에서 두각을 나타냈다.

존슨 박사는 어머니의 장례식 비용을 충당하기 위해 일주일에 한 번 저녁에 《라셀라스》를 썼다.

링컨은 측량을 하면서 남는 시간에 법학을 공부했고, 가게를 돌보면서 혼자서 상식을 배웠다. 서머빌 부인은 이웃들이 수다를 떨고 게으름을 피우는 동안 식물학과 천문학을 배웠고 책을 썼다. 80세에 《분자 및 현미경 과학》을 출간했다.

시간을 낭비하는 것의 가장 큰 폐해는 시간보다는 에너지에서 발생한다. 게으름은 신경을 녹슬게 하고 근육을 삐걱거리게 한다. 일에는 체계가 있지만 게으름에는 체계가 없다.

퀸시 대통령은 다음 날의 계획을 세우기 전에는 절대 잠자리에 들지 않았다.

돌턴의 근면은 그의 삶의 열정이었다. 그는 20만 건이 넘는 기상 관측을 하고 기록했다.

옷감을 만드는 공장에서는 실 하나만 끊어져도 전체 섬유가 망가진다. 그러면 실수를 저지른 사람을 찾아내어 임금에서 손실을 공제한다. 하지만 인생이라는 거대한 천에서 끊어진 실은 누가 보상할까? 우리는 빈 실패(shuttle)를 왔다 갔다 할 수 없다. 운명의 천을 짜는 모든 움직임에는 어떤 종류의 실이 따라다닌다. 그것은 작업자를 망치고 굴욕을 주는 시간 낭비나 기회 상실의 조잡한 실일 수도 있고, 아름다움과 광택을 더하는 금실일 수도 있다. 우리는 실패를 멈출 수 없다. 천을 가로지르는 불행한 실을 뽑아낼 수 없으며, 우리의 어리석음을 영원히 목격할 뿐이다.

유용한 일로 바쁜 청년을 걱정하는 사람은 아무도 없다. 하지만 정오에 점심을 어디서 먹는가? 밤에 하숙집을 나서서 어디로 가는가? 저녁 식사 후 무엇을 하는가? 일요일과 휴일은 어디에서 보내는가? 그가 남는 시간을 사용하는 방식은 그의 성격을 드러낸다. 나쁜 곳으로 가는 대부분의 젊은이는 저녁 식사 후에 망가진다. 명예와 명성을 얻기 위해 위로 올라가는 대부분의 사람은 저녁 시간을 공부나 일 또는 그들을 돕고 향상시킬 수 있는 사람들의 모임에 바친다. 매일 저녁은 청년의 경력에서 위기이다. 휘티어의 대사에는 다음과 같은 깊은 의미가 있다.

오늘 우리는 운명을 만든다. 우리 운명의 천을 짠다.
오늘 이후 우리는 모두 거룩함이나 죄를 선택한다.

시간은 돈이다. 인색하거나 못되게 굴어서는 안 되지만, 1달러 지폐를 버리는 것처럼 한 시간도 버려서는 안 된다. 시간 낭비는 에너지 낭비, 활력 낭비, 인격의 소멸을 의미한다. 그것은 다시 돌아오지 않을 기회의 낭비를 의미한다. 당신이 시간을 어떻게 죽이는지 유의하라. 당신의 미래가 거기에 달려 있다.

에드워드 에버렛은 "모든 재능을 계발하고, 모든 발전의 기회를 독수리눈으로 지켜보고, 시간을 아끼고, 유혹을 물리치고, 감각적 쾌락을 경멸함으로써 자신을 유용하고 명예롭고 행복하게 만드는 일은 각자에게 주어졌다"라고 말한다.

5장

네모난 구멍 속의 둥근 소년

인생 최고의 상, 인간 최고의 행운은 어떤 추구의 성향을 가지고 태어나는 것인데, 그 성향이란 직업과 행복 속에서 자신을 발견하는 것이다.

• 에머슨

인류 지성의 역사에서 언급된 시인, 예술가, 철학자 또는 과학자 중 부모, 보호자 또는 교사의 반대에 부딪히지 않은 천재는 거의 없다. 이들 경우에서 자연의 여신은 직접 개입하여 승리한 듯하다. 그녀는 사랑하는 사람들에게 권리를 가지라고 주장하고, 불순종, 비밀, 거짓, 심지어 집을 떠나고 때로는 방랑하는 것을 장려했다. 그녀가 그렇게 고통스럽게 생산한 것을 세상이 잃어버리지 않을 것이다.

• E. P. 휘플

나는 당신이 들을 수 없는 목소리를 듣는다,
나는 머물러서는 안 된다고 말한다.
나는 당신이 볼 수 없는 손을 본다.

나를 떠나라고 손짓하네.　　　　　　　　　　　　　　　　• 티켈

"제임스 와트, 너처럼 게으른 소년을 본 적이 없다." 그의 할머니가 말했다. "책을 읽거나 유용한 일을 좀 하렴. 지난 30분 동안 너는 단 한마디로 하지 않았어. 지금까지 무엇을 하고 있었는지 아니? 그 찻주전자의 뚜껑을 벗겼다가 씌우고, 그런 뒤 다시 벗기고, 처음에는 찻잔 받침을 나중에는 수저를 증기에 번갈아 대면서, 도자기와 은 표면에 증기가 응축되어 생기는 작은 물방울들을 모으면서 그것을 조사하느라 바빠한다. 이런 식으로 시간을 보내는 것이 부끄럽지도 않니?"

세상은 제임스에게 시간을 더 잘 활용할 방법을 알려주지 않은 그 노파 덕분에 많은 것을 얻었다!

"하지만 저는 잘하는 게 있어요." 상점 사장이 한 청년을 무뚝뚝하다는 이유로 해고하려고 할 때 그 청년이 항변했다. "너는 세일즈맨으로 아무 쓸모가 없어." 고용주가 말했다. "저는 유용하게 쓰일 수 있다고 확신합니다." 청년이 말했다. "어떻게? 방법을 말해봐." "모르겠습니다, 사장님. 모르겠어요." "그럼 나도 몰라." 사장은 점원의 진지함에 웃으며 말했다. "다만 저를 내쫓지만 마세요, 사장님. 내쫓지 마세요. 판매 말고 다른 일을 시켜주세요. 전, 파는 거 못해요. 못 파는 거 알아요." "나도 알고 있어. 그게 바로 너의 문제야"라고 사장이 말했다. "하지만 저는 어떻게든 저를 유용하게 만들 수 있어요. 저는 할 수 있어요." 청년이 계속 말했다. 그는 계산소에 배치되었다. 곧 숫자에 대한 그의 적성이 드러났

고, 몇 년 후 그는 대형 상점의 수석 계산원일 뿐만 아니라 저명한 회계사가 되었다.

아기 침대를 들여다보고서 신성한 손길이 남긴 흔적을 추적하고 그 진흙 조각에 싸인 비밀 메시지를 읽을 수는 없다. 우리는 자석 바늘로 북극성을 볼 수 있을 뿐이다. 하느님께서는 그 어린 생명의 바늘에 자기 운명의 별을 가리키게 하셨으니, 당신이 인위적인 충고와 부자연스러운 교육으로 그 바늘을 잡아당겨 시, 예술, 법, 의학, 또는 당신의 하찮은 소명이 무엇이든 간에 그것을 관장하는 별을 가리키도록 귀중한 인생의 세월을 낭비할 때까지 강요할 수 있을지라도, 일단 자유로워지면 그 바늘은 다시 자기 별을 향해 날아간다.

로버트 워터스는 "천재적인 사람은 그가 하도록 만들어진 직업에 거부할 수 없는 충동을 느낀다"라고 말한다. "어떤 어려움이 있더라도, 전망이 아무리 불투명하더라도, 이 직업은 그가 흥미와 즐거움을 가지고 추구할 유일한 직업이다. 그의 노력으로 생계 수단을 확보하지 못하고 가난하고 소외된 자신을 발견하면, 한숨을 쉬며 다른 직업을 택했다면 얼마나 더 잘살 수 있었을까 하는 생각을 가끔 하겠지만, 그럼에도 불구하고 그는 자신이 좋아하는 일을 계속할 것이다."

모든 사람이 자신에게 맞는 일을 선택할 때 문명은 최고조에 달할 것이다. 어떤 사람도 자신의 자리를 찾기 전까지는 이상적으로 성공할 수 없다. 기관차처럼 선로에서는 강하지만 다른 곳에서는 약하다. 에머슨은 "강 위의 배처럼 모든 소년은 한쪽을 제외한 모든 쪽에서 장애물에 부딪히며 달린다. 그쪽에서는 장애물이 모두 치워진다. 그는 깊어지는 수로를 넘어 무한한 바다로 평온하게 나아간다"라고 말한다.

무지한 부모에 의해 열망과 갈망이 영원히 침묵당한 소년들, 단지 제자리에서 벗어났다는 이유로 게으르고 어리석고 변덕스럽다고 핍박받는 소년들, 동그란 구멍에 억지로 끼워 넣고 맞지 않는다는 이유로 억압받는 네모난 소년들의 "소년 노예"의 역사는 디킨스만이 쓸 수 있다. "법", "의학", "예술", "과학", "사업"을 외치는 목소리가 계속 들려오는데도 딱딱한 신학책을 뒤적여야 하는 소년들, 자신이 혐오하는 직업에 열정을 갖지 않는다는 이유로 고문을 당하는 소년들, 그리고 자기 존재의 모든 부분이 끊임없이 저항하는 소년들.

아버지의 편협한 이기심 때문에 아들이 자신과 똑같이 되기를 바라는 경우가 많다. "당신은 그 소년을 또 다른 당신으로 만들려고 노력하고 있다. 하나면 충분하다"라고 에머슨은 말했다. 존 제이컵 애스터의 아버지는 아들이 정육점의 후계자가 되기를 바랐지만, 미래의 상인에게는 상업적 기업 본능이 너무 강했다.

자연의 여신은 인간을 복제하지 않았다. 그녀는 모든 출생에서 유형을 깨뜨린다. 마법의 조합은 한 번만 사용될 뿐이다. 프레더릭 대제는 예술과 음악에 대한 열정이 있었고, 군사 훈련에 관심이 없었기 때문에 끔찍하게 학대당했다. 그의 아버지는 예술을 싫어해 그를 감옥에 가두었다. 그는 아들을 죽일 생각까지 했지만, 자기가 죽는 바람에 프레더릭은 스물여덟의 나이에 왕위에 올랐다. 예술과 음악을 사랑했기 때문에 아무것도 할 수 없다고 생각했던 이 소년은 프로이센을 유럽에서 가장 위대한 국가의 하나로 만들었다.

횃대에서 눈을 깜박이는 독수리는 얼마나 어리석고 서투른가! 그러나 맑고 푸른 하늘을 향해 힘찬 날갯짓을 할 때 그의 눈빛은 얼마나 예리하고, 그의 곡선은 얼마나 안정적이고 진실한가!

무지한 부모는 소년 아크라이트에게 이발사의 수습생이 되라고 강요했지만, 자연은 인류를 축복하고 수백만 명의 가난한 영국인의 고단한 일을 대신할 운명의 기묘한 장치를 그의 뇌에 가두었다. 따라서 그는 그리스도가 어머니에게 "내가 아버지의 일을 해야 하지 않겠습니까?"라고 말한 것처럼 부모에게도 "손을 떼라"라고 말할 필요가 있었다.

갈릴레오는 의사가 되기 위해 보내졌지만, 해부학과 생리학을 공부해야 할 때 유클리드와 아르키메데스를 숨기고 난해한 문제를 몰래 풀곤 했다. 열여덟 살 때 피사의 대성당의 흔들리는 램프에서 진자의 원리를 발견했다. 그는 현미경과 망원경을 발명해 광활한 세계와 미세한 세계에 대한 지식을 확대했다.

미켈란젤로의 부모는 아들이 예술가라는 불명예스러운 직업을 좇아서는 안 된다고 선언하고 스케치를 벽과 가구로 덮어버리는 벌까지 내렸지만, 신성한 예술가께서는 그의 가슴에 불을 질렀고 성베드로 대성당의 건축물과 모세의 대리석, 시스티나 성당 벽에 자신을 불멸의 존재로 남길 때까지 그를 쉬지 못하게 하셨다.

파스칼의 아버지는 아들이 죽은 언어를 가르쳐야 한다고 결심했지만, 수학의 목소리는 파스칼이 유클리드를 위해 문법을 내려놓을 때까지 소년을 괴롭혔다.

조슈아 레이놀즈의 아버지는 그림을 그리는 아들을 꾸짖으며 그림에 이렇게 적었다. "조슈아가 순전히 게으름을 피우려고 그린 것이다." 그러나 이 "게으른 소년"은 왕립아카데미의 창립자 중 한 명이 되었다.

터너는 메이든 레인에서 이발사로 일할 예정이었지만 현대 최고의 풍경화가가 되었다.

화가 클로드 로레인은 제빵사에게, 작가 몰리에르는 실내 장식가에게, 오로라의 유명한 화가 귀도는 음악학교에 수습생으로 보내졌다.

쉴러는 슈투트가르트의 군사학교에서 외과를 공부하기 위해 보내졌지만, 변장을 하고 첫 공연을 관람해야 했던 첫 번째 연극 〈강도들〉을 비밀리에 제작했다. 감옥과도 같은 학교의 불쾌함과 작가에 대한 갈망은 그를 매료시켰고, 그는 무일푼으로 척박한 문자의 세계로 모험을 떠났다. 한 친절한 여인이 그를 도왔고, 그는 곧 불후의 명작으로 남게 된

두 편의 찬란한 드라마를 제작했다.

의사 헨델은 아들이 변호사가 되기를 바랐기 때문에 음악에 대한 그의 사랑을 막으려고 했다. 그러나 소년은 오래된 스피넷을 구해 건초 다락방에서 몰래 연습했다. 그 의사가 바이젠펠트 공작을 위해 일하는 한 형제를 방문했을 때 그는 아들을 데리고 갔다. 소년은 아무도 모르게 예배당의 오르간을 찾아 헤매다가 곧 개인 콘서트를 열었다. 우연히 연주를 듣게 된 공작은 악기에 익숙하지 않은 소년이 어떻게 그렇게 많은 멜로디를 결합할 수 있는지 궁금했다. 그 소년을 앞에 데려온 공작은 오르간을 함부로 만졌다고 비난하는 대신 그의 연주를 칭찬하고 의사 헨델에게 아들이 소질을 따르게 하라고 설득했다.

대니얼 디포는 걸작 《로빈슨 크루소》를 쓰기 전까지 상인, 군인, 비서, 공장 관리자, 회계사, 특사, 평범한 책을 몇 권 쓰는 저자로 활동했다.

조류학자인 윌슨은 다섯 가지 직업을 전전하다가 자신의 자리를 찾았다.

어스킨은 해군에서 4년을 보낸 후 더 빠른 진급을 위해 육군에 입대했다. 2년 이상 복무한 그는 어느 날 호기심에 연대가 있는 마을의 법정에 출석했다. 지인이었던 재판장은 어스킨을 자기 옆에 앉으라고 권유했고, 법정의 변호인들을 보고 그들이 영국에서 가장 저명한 변호사들이라고 말했다. 어스킨은 그들의 말에 귀를 기울였고, 자신이 그들을 능가할 수 있다고 믿었다. 그는 곧바로 법학 공부를 시작했고, 결국 영국 최고의 법정 웅변가로 우뚝 섰다.

A. T. 스튜어트는 목회를 공부하고 교사가 되었다가 친구에게 돈을 빌려준 사건을 계기로 상인이라는 본연의 소명에 빠져들었다. 친구는 실패가 임박한 상황에서 채권자가 돈을 회수할 수 있는 유일한 수단은 상점을 떠안는 것이라고 주장했다.

체이스 씨는 아들이 대학에 거의 합격했다고 말하자 "조너선, 월요일 아침에 기계 공장으로 가라"라고 말했다. 조너선이 기계 공장을 탈출하여 로드아일랜드주 상원의원으로 큰 영향력을 행사하는 자리에 오르기까지는 수년이 걸렸다.

하느님이 두 천사에게 한 천사에게는 횡단보도를 청소하고 다른 천사에게는 제국을 다스리라고 명하신다면, 두 천사가 서로 소명을 바꾸도록 설득될 수는 없다는 말이 있다. 하느님이 자신에게 특정한 일을 주셨다고 느끼는 사람은 그 일을 성실히 수행할 때만 행복할 수 있다. 꿈에 그리던 곳을 찾은 청년은 행복하다! 그 자리를 채우지 않으면 그는 다른 사람이나 자신을 절대 만족시킬 수 없다. 자연의 여신은 사람이 자기 자리를 찾을 때까지 그를 절대 쉬지 못하게 한다. 그녀는 그를 괴롭히고 그의 모든 능력이 부합해 그가 적절한 틈새로 빠져나갈 때까지 그를 몰아세운다. 부모는 마치 해보지도 않고서 자석 바늘이 금성이나 목성을 가리킨다고 결정하듯 자식이 어떤 직업을 선택해야 한다고 결정한다.

경마장에서 누가 느리게 달리는지 경주를 펼친다면 얼마나 우스꽝스러울까? 하지만 이것은 법, 의학, 신학만이 바람직한 직업이라는 대중의 생각보다 더 부조리한 것은 아니다. 미국 대학 졸업생의 52퍼센트가 법학을 공부한다는 것도 얼마나 우스운 일인가! 얼마나 많은 젊은이가 좋은 성직자였던 아버지를 본받으려고 가난한 성직자가 되고, 같은 이유로 가난한 의사와 변호사가 되는가! 이 나라는 "실망하고, 상심하고, 망가졌고, 자리를 잃고, 돈도 없고, 신용도 없고, 용기도 없고, 가난하고, 추위에 떨고" 있는 사람들로 가득하다. 사실, 진정한 의미에서 성공한 모든 대학 졸업생은 학교에서 자신을 준비하고 졸업 후 자신을 만든다. 선생님이 그에게 가르쳐 준 가장 좋은 것은 공부하는 방법이다. 대학 담장을 넘어서는 순간, 그는 자신에게 도움이 되지 않는 책과 공부를 중단하고 도움이 되는 책과 공부를 붙잡는다.

우리는 어떤 사람이 최선을 다해 노력한 일에 성공하지 못했기 때문에 어떤 일도 성공할 수 없다는 결론에 성급히 도달해서는 안 된다. 마치 찢어질 것처럼 모래 위에서 허우적거리는 물고기를 보는 듯하다. 하지만 다시 보라. 거대한 파도가 해변 위로 밀려와 이 불행한 생물을 덮치고 있다. 지느러미가 물에 닿는 순간, 그는 다시 원래의 자신이 되어 섬광처럼 파도를 헤쳐 나간다. 전에 지느러미가 하늘과 땅을 때리며 퍼덕일 때는 도움이 아니라 방해가 되었지만, 이제는 의미가 있다.

최선을 다하고도 실패했다면, 시도한 일이 정말 자신의 성향이나 성취 능력에 맞는 일인지 살펴보라. 카우퍼는 변호사로서는 실패했다. 그는 너무 소심해 소송을 변론할 수 없었지만 최고의 시를 썼다. 몰리에르는 자신이 변호사 일에 적합하지 않다는 것을 알았지만 문학에 큰 이름을 남겼다. 볼테르와 페트라크는 법을 버렸다. 전자는 철학을 선택했고 후자는 시를 선택했다. 크롬웰은 40살까지 농부였다.

10대가 되기 전에 어떤 일이나 공부에 천재성을 보이는 사람은 거의 없다. 대다수의 소년 소녀는 마음만 먹으면 모든 것을 할 수 있다고 해도, 15세 이전이나 심지어 20세 이전에는 생계를 위해 무엇을 해야 할지 결정하기가 매우 어렵다. 각각은 마음의 문을 두드리며 어떤 확실한 일에 대한 훌륭한 적성을 찾지만, 적성은 거기에 없다. 그렇다고 당면한 의무를 미뤄야 할 이유도, 자연스럽게 주어진 일을 훌륭하게 해내지 말아야 할 이유도 없다. 새뮤얼 스마일스는 자신의 취향에 맞지 않는 직업의 훈련을 받았지만, 그 훈련을 충실히 이행하여 자신에게 잘 맞는 저술에 도움을 얻었다.

당면한 의무나 일상에 충실하고 부모나 고용주, 자신, 그리고 하느님에 대한 진정한 책임감이 결국 우리 대부분을 적절한 시기에 적절한 틈새로 이끌 것이다.

가필드가 이전에 열성적인 교사, 책임감 있는 군인, 양심적인 정치가가 아니었다면 대통령이 되지 못했을 것이다. 링컨이나 그랜트 모두 백악관을 향한 조숙함이나 통치에 대한 거부할 수 없는 천재성을 가진 아기로 출발하지 않았다. 따라서 태어날 때부터 엄청난 재능을 부여받지 못했다고 해서 실망해서는 안 된다. 그의 임무는 제비가 던져진 곳에서 최선을 다하고, 내면의 감시자가 가리키는 방향으로 모든 명예로운 기회를 활용하며 전진하는 것이다. 의무를 길잡이로 삼고 능력과 업적을 최대한 발휘하면 성공은 반드시 왕관이 되어 찾아올 것이다.

어떤 직업? 내 인생의 일은 무엇일까?

본능과 마음이 목공을 원한다면 목수가 되고 의술을 원한다면 의사가 되라. 확고한 선택과 성실한 노력을 기울인다면 성공할 수밖에 없다. 그러나 본능이 없거나 약하거나 희미하다면 최선의 적응과 기회가 주는 길을 따라 신중하게 선택해야 한다. 세상이 그를 사용할 것이라는 데 의심의 여지가 없다. 진정한 성공은 자신의 역할을 잘 수행하는 데 있으며, 이는 누구나 할 수 있다. 아무것이나 하는 이류가 되는 것보다 일류의 벽돌 나르는 인부가 되는 것이 더 낫다.

세상은 멍청이로 알려졌던 사람이 큰 성공을 거둔 후에는 그들에게 매우 친절하지만, 그들이 낙담과 오해를 겪으며 고군분투하는 동안에는 매우 가혹하다. 소년과 소녀에게 공정한 기회와 합리적인 격려를 제공하고, 그들이 약간 어리석다고 해서 그들을 비난하지 마라. 소위 아무짝에도 쓸모없는 녀석, 돌대가리, 멍청이, 굼벵이, 지진아는 제자리를 찾지 못한 소년, 즉 본질은 둥근데 네모난 구멍에 밀어 넣으려는 소년일

율리시스 S. 그랜트

뿐이다.

웰링턴은 어머니에게 멍청이로 여겨졌다. 이튼 고등학교에서 그는 둔하고 게으르고 느리다는 소리를 들었고, 학교에서 기대하는 것이 거의 없는 최후의 남학생이었다. 그는 재능이 없었고 군대에 입대할 생각도 없었다. 부모님과 선생님이 보기에 그의 유일한 장점은 근면함과 인내심

---

* Ulysses Simpson Grant(1822~1885): 미국 남북전쟁 당시의 북군 사령관. 나중에 미국 대통령 (1869~1877)이 되었다.

이었다. 하지만 그는 46살에 현존하는 모든 위대한 장군들을 물리쳤다.

골드스미스는 학교 선생님들의 웃음거리가 되었다. 그는 지진아를 가리키는 대학 이름인 "나무 숟가락"으로 졸업했다. 그는 외과 수업에 들어가려고 했지만 거절당했다. 그는 문학에 몰두했다. 골드스미스는 자신이 의사의 직무에 전혀 적합하지 않다는 것을 알았지만, 《웨이크필드의 목사》나 《버려진 마을》을 쓸 수 있는 사람이 또 누가 있을까? 존슨 박사는 그가 매우 가난하고 빚 때문에 체포될 위기에 처한 것을 발견했다. 그는 골드스미스에게 《웨이크필드의 목사》의 원고를 달라고 해서 그걸 출판사에 팔아 빚을 갚게 했다. 이 원고는 저자를 유명하게 만들었다.

로버트 클라이브는 학교에서 "멍청이"와 "난봉꾼"이라는 별명을 얻었지만 32살에 3천 명의 병사와 함께 플라시에서 5만 명을 물리치고 인도에서 대영제국의 기초를 닦았다. 월터 스콧 경은 선생님으로부터 돌대가리라고 불렸다. 바이런이 우연히 반에서 앞서 나가면 스승은 이렇게 말하곤 했다. "자, 조디, 네가 얼마나 빨리 다시 밑으로 내려오는지 보자."

어린 린나이우스는 선생님들로부터 거의 돌대가리라고 불렸다. 그가 교회에 적합하지 않다고 생각한 부모님은 그를 의학을 공부하기 위해 대학에 보냈다. 그러나 그 누구보다 위대하고 지혜로운 내면의 조용한 스승이 그를 들판으로 이끌었고, 병도 불행도 가난도 그의 마음의 선택인 식물학 연구에서 그를 몰아낼 수 없었다. 그는 당대 최고의 식물학자가 되었다.

리처드 B. 셰리든의 어머니는 그에게 가장 기초적인 공부를 가르치려고 노력했지만 헛수고였다. 어머니의 죽음은 다른 수백 건의 사례에서 그랬던 것처럼 그의 내면에 잠자고 있던 재능을 깨웠고 그는 당대에 가장 뛰어난 인물의 한 명이 되었다.

새뮤얼 드루는 동네에서 가장 둔하고 게으른 소년 중 한 명이었지만, 거의 목숨을 잃을 뻔한 사고와 형의 죽음 이후 한순간도 놓지 않을 정도로 공부하고 부지런해졌다. 그는 밥 먹을 때에도 책을 읽었고, 자기계발을 위해 모든 시간을 활용했다. 그는 페인의 《이성의 시대》가 그를 작가로 만들었다고 말했는데, 그 책의 주장을 반박하려는 시도를 통해서 그가 강하고 활발한 작가로 처음 알려졌기 때문이다.

자신의 재능을 알지 못해 악인이 된 사람도, 자신의 재능을 착각해 선인이 된 사람도 없다는 말은 익히 잘 알려져 있다.

6장

어떻게 직업을 선택할 것인가

짐승은 자신의 재능이 어디에 있는지 안다.
곰은 날려고 시도하지 않는다.
절뚝거리는 말은 종종 반항한다,
다섯 개의 빗장이 있는 문을 넘기 전에.
개는 본능적으로 옆으로 비켜선다,
도랑이 너무 깊고 넓은 것을 보았을 때.
그러나 인간은 유일한 생물이다,
어리석음에 이끌려 자연과 싸우려는.
자연이 큰 소리로 참으라고 외칠 때,
그곳에 마지못해 멈춘다.
그의 천재성이 가장 내키지 않는 곳에서,
어리석게도 그의 모든 계획을 망가뜨린다. • 스위프트

사람의 가장 큰 행운은 바구니를 만들든, 대검을 만들든, 운하를 만들든, 동상을 만들든, 노래를 만들든, 직업과 행복 속에서 자신을 발견하는 어떤 추구를 가지고 태어나는 것이다. • 에머슨

타고난 재능이 무엇이든 그 재능을 잃지 말고 계속 유지하라. 자연이 당신에게 의도한 대로 하면 성공할 것이다. 그렇지 않으면 아무것도 아닌 존재보다 만 배는 더 나쁘게 될 것이다. • 시드니 스미스

아르테무스 와드는 "모든 사람에게는 자신만의 장점이 있다"라고 말했다. "어떤 사람은 어떤 일을 하는 것이 장점이고, 다른 사람은 다른 일을 하는 것이 장점이다. 반면에 아무것도 하지 않는 것이 장점인 수많은 게으른 녀석들이 빈둥거리고 있다."

"나는 두 번이나 내 장점이 아닌 일을 하려고 애쓴 적이 있다. 첫 번째는 내 텐트에 구멍을 뚫고 들어온 한 대담한 놈을 혼쭐을 내려고 했을 때이다. 나는 '이봐, 신사 양반, 나가지 않으면 꽤 세게 덤벼들 거야'라고 말했어. 그러자 그가 '덤벼봐, 이 늙은 밀랍 인형아'라고 대꾸했지. 그래서 나는 그에게 갔지만, 그는 내 머리를 강하게 잡고 텐트를 뚫고서 나를 소 목초지로 밀쳐냈어. 그는 공격을 계속해 나를 진흙 웅덩이로 내던졌다. 나는 흠뻑 젖은 옷을 털고 일어나면서 싸움이 내 장점이 아니라는 결론을 내렸지."

"나는 이제 두 번째 장면의 막을 올릴 것이다. 내가 술에서 위안을 찾는 일은 거의 없어. 하지만 18년 가을에 인디애나의 어느 마을에서 내

풍금 연주자가 열병에 걸려서 죽어버렸어. 내 인생에서 그렇게 부끄러운 적이 없었지. 그래서 뭔가 독한 것을 조금 마셔야겠다고 생각했지. 그런데 결과는 너무 많이 마셔서 내가 정확히 어디 있었는지 몰랐다는 거야. 나는 살아 있는 야생 동물을 모두 거리로 풀어놓아서 내 모든 밀랍 인형을 부숴버렸어."

"그리고 나는 내가 말의 역할을 할 수 있다고 생각했지. 그래서 운하의 배에 나를 묶고서 말을 앞에 한 마리, 뒤에 두 마리를 두었지.* 그런데 그런 배치에 익숙하지 않은 말들이 서로 발길질하고 비명을 지르며 날뛰기 시작하는 거야. 그 결과 나는 배와 등을 심하게 얻어 차였고, 말과 함께 운하에 빠져 마치 야생 동물처럼 발버둥 치면서 고함을 지르고 있었어. 나는 구출되었고, 헴록나무에 실려 여관으로 가면서 희미한 목소리로 '젠장, 말 노릇은 내 장점이 아니야'라고 말했어."

"교훈: 장점이 아닌 일은 절대 하지 마라. 그렇게 하다가는 운하에서 굴러다니는 자신을 발견할 테니까, 비유적으로 말하자면."

서부 지역 신문에 연일 게재된 다음 광고는 단 한 건의 답장도 받지 못했다.

"인쇄 및 출판사의 모든 부서를 책임질 수 있는 유능한 실무 인쇄인

---

* 19세기 운하 운송은 말을 배에 밧줄로 묶어 운하를 따라 끌도록 했다.

을 구함. 학교에서 교수로 가르칠 만한 자격이 있을 것. 장식용 그림과 글씨, 기하학, 삼각법 및 기타 여러 과학을 가르치는 데 지장이 없어야 함. 평신도 설교자로 일한 경험이 있어야 함. 젊은 신사 숙녀로 구성된 소수의 반을 구성하여 더 높은 지점에서 그들을 가르치는 데 지장이 없어야 함. 치과의사나 척추 지압사에게 매우 귀중한 사람으로 받아들여져야 하며, 합창단에서 베이스나 테너 가수 자리도 기꺼이 수락할 의향이 있을 것."

마침내 광고에 다음과 같은 내용이 추가되었다.

"추신: 보통보다 낮은 값으로 나무를 톱질하고 쪼개는 제안을 수락할 의향이 있을 것." 이것으로 상황은 즉시 정리되었고, 그 광고는 더 이상 보이지 않았다.

당신의 재능은 당신의 소명이다. 당신의 정당한 운명은 당신의 본성에서 나타난다. 당신의 자리를 찾았다면 당신의 직업은 당신의 모든 능력과 부합하는 것이다.

가능하면 자신의 경험과 취향에 가장 많이 집중하는 직업을 선택하라. 그러면 천부적인 소명을 갖게 될 뿐만 아니라 진정한 자본인 기술과 사업 지식을 대부분 활용하게 될 것이다.

당신의 소질을 따르라. 당신은 당신의 열망과 오랫동안 싸워서 이길 수 없다. 부모, 친구 또는 불행이 내키지 않는 일을 하도록 강요함으로써 마음의 갈망을 질식시키고 억누를 수 있지만, 내면의 불은 화산처럼 자신을 가두는 지각을 터뜨리고 웅변, 노래, 예술 또는 좋아하는 산업에서 억눌린 천재성을 쏟아낼 것이다. "완벽하게 실행하기를 바랄 수 없는 재능"을 조심하라. 자연은 엉망진창이거나 반쯤 완성된 작품을 싫어하며 저주를 내릴 것이다.

매슈 아널드는, 법을 모르는 얄팍한 변호사가 되는 것보다 나폴레옹이 구두닦이가 되고 알렉산드로스가 굴뚝 청소부가 되는 것이 더 낫다, 라고 말한다.

세계의 절반은 마치 인류가 한꺼번에 흔들려 그 요동 속에서 서로 자리를 바꾼 듯 마음에 들지 않은 직업을 하고 있는 것처럼 보인다. 소녀 점원은 가르치려 하고, 타고난 선생은 가게를 보고 있다. 선량한 농부는 법을 죽이고 있으며, 초테와 웹스터는 성취되지 않은 운명이라는 의식에 괴로워하며 농장을 운영한다. 그리스어 및 라틴어와 씨름해야 할 소년들은 공장에서 꼼짝 못하고 있으며, 농장에서 또는 돛대 앞에서 일해야 할 수백 명의 학생이 대학에서 어울리지 않는 부담을 받으며 짜증을 내고 있다. 널빤지로 친 울타리를 희게 칠해야 하는 예술가는 캔버스에 페인트를 되는대로 바르고 있다. 카운터 뒤에는 긴 자를 싫어해 다른 직업을 꿈꾸며 일을 소홀히 하는 점원이 서 있다. 좋은 제화공은 마을 신문에 시 몇 구절을 쓰고, 친구들은 그를 시인이라고 부르며, 익숙한 마지막 구절은 그가 어색하게 사용하는 펜을 위해 버려진다. 다른 제화공은 의회에서 말도 안 되는 헛소리를 하고 있으며, 정치가는 구두를 만들고 있다. 비처와 화이트필드가 상인으로 실패하는 동안 평신도는 설교를 죽이고 있으며, 사람들은 교회 좌석이 비는 원인이 무엇인지 궁금해한다. 항상 도구로 무언가를 만들던 소년은 대학을 졸업하고 "세 가지 명예로운 직업"* 중 하나를 열등감을 가지고 시작한다. 외과 의사는 고기를 자르는 톱과 칼을 다루고, 정육점 주인은 사람의 팔다리를 절단한다.

"우리의 목적을 만드는 신이 계신다.
그분은 우리가 어떻게 할지 투박하게 빚으신다."

이 얼마나 다행한 일인가?

프랭클린은 "직업이 있는 자는 재산이 있고, 소명이 있는 자는 이익과 명예의 자리가 있다. 쟁기질하는 사람이 무릎 꿇고 있는 신사보다 더 높다"라고 말한다.

남자의 사업은 다른 무엇보다 그를 만드는 데 큰 역할을 한다. 그것은 근육을 단련하고, 몸을 튼튼하게 하고, 피를 빠르게 하고, 정신을 예리하게 만들고, 판단력을 바로잡고, 창의적인 천재성을 일깨우고, 지혜를 발휘하고, 인생의 경주를 시작하고, 야망을 불러일으킨다. 그는 자신이

---

* 법률가, 의사, 신학자를 의미한다.

남자이며, 남자의 신발을 신고, 남자의 일을 하고, 인생에서 남자의 몫을 감당해야 하고, 그 부분에서 자신을 보여줘야 한다고 느낀다. 남자의 일을 하지 않는 남자는 스스로 남자라고 생각하지 않는다. 직업이 없는 남자는 남자가 아니다. 그는 자신의 성취로 자신이 남자라는 것을 증명하지 않는다. 150파운드의 뼈와 근육이 남자를 만들지 않다. 두개골에 두뇌가 가득하다고 해서 남자가 아니다. 뼈와 근육과 두뇌가 남자의 일을 하고, 남자의 생각을 하고, 남자의 길을 표시하고, 남자의 인격과 의무의 무게를 감당할 줄 알아야 비로소 남자라고 할 수 있다.

성공의 첫 번째 요건은 실행력이다. 두 번째는 끈기이다. 보통의 상황에서 실용적인 상식이 그를 인도한다면, 이러한 요건을 갖춘 사람은 실패하지 않을 것이다.

더 높은 직급이나 더 많은 연봉을 기다리지 마라. 당신이 이미 차지하고 있는 직책을 확대하고 그 안에 독창적인 방법을 넣으라. 이전에는 채워지지 않았던 부분을 채우라. 전임자나 동료 직원보다 더 신속하고, 더 활기차고, 더 철저하고, 더 예의 바르게 행동하라. 비즈니스를 연구하고, 새로운 운영 방식을 고안하고, 고용주에게 유익을 줄 수 있어야 한다. 그 기술은 단순히 만족감을 주거나 자리를 채우는 것이 아니라 예상보다 더 잘해 고용주를 깜짝 놀라게 하는 것에 있으며, 더 나은 자리와 더 많은 급여가 보상으로 주어질 것이다.

실직 시에는 자신의 능력과 업무 사이의 불균형을 마음에 두지 말고 가장 부끄럽지 않은 취직자리를 수락하라. 당신의 남자다움을 노동에 투입하면 곧 더 나은 일이 주어질 것이다.

   인생의 올바른 목표에 대한 이 질문은 복잡한 우리 시대에 매우 혼란스러워졌다. 줄루족의 아들이나 베두인족의 딸이라면 해결하기 어려운 문제가 아니다. 미개인의 상태는 한 가지 선택만 인정하지만, 문명의 규모가 커지고 활동의 중심지에 가까워질수록 올바른 결정의 어려움은 그 중요성과 함께 증가한다. 경쟁에서 힘들어하는 것과 비례해 성공을 위한 투쟁에 자신의 모든 에너지와 열정을 쏟을 수 있도록 올바른 목표를 선택하는 것이 가장 필요하다. 힘이나 희망의 분산은 가장 매력적인 분야에서도 번성에 치명적으로 작용한다.

   글래드스턴은 인간의 몸이나 두뇌로 할 수 있는 일에는 한계가 있으므로 자신에게 적합하지 않은 추구에 에너지를 낭비하지 않는 사람이 현명하다고 말한다.

   칼라일은 "자신의 일을 찾은 사람은 복이 있다. 그는 다른 복을 구하지 말아야 한다. 그는 일, 즉 삶의 목적을 가지고 있으며, 그것을 찾았으니 그것을 따를 것이다"라고 말한다.

   직업을 선택할 때 어떻게 하면 돈을 가장 많이 벌거나 명성을 가장 높게 얻을 수 있는지 자신에게 묻지 말고, 자신의 모든 능력을 끌어내고 남자다움을 가장 강하고 대칭적으로 발전시킬 수 있는 일을 택해야 한다. 돈도 아니고 명성도 아니다. 당신에게 필요한 것은 힘이다. 남자다움은 부보다 크고 명성보다 위대하다. 인격은 어떤 직업보다 위대하다. 각각의 재능은 교육을 받아야 하며, 교육에 결함이 있으면 무엇을 하든 드러날 것이다. 손은 우아하고 안정적이며 강해지도록 교육받아야 한다. 눈은 기민하고 분별력 있고 세밀하게 관찰할 수 있도록 교육받아야 한다. 마음은 부드럽고 동정심 많으며 진실하도록 교육받아야 한다. 기억력은 정확성, 유지력, 포괄성을 수년간 훈련해야 한다. 세상은 당신에게 변호사, 목사, 의사, 농부, 과학자, 상인이 되라고 요구하지 않는다. 세상은 당신이 무엇을 해야 하는지 지시하지 않고, 당신이 무엇을 하든 주인이 되라고 요구한다. 당신이 자신의 분야에서 주인이 된다면 세상은 당신에게 박수를 보낼 것이고, 모든 문이 당신에게 열릴 것이다. 하지만 모든 실수, 포기, 실패를 비난한다.

루소는 "자연의 질서에 따르면, 인간은 평등하며 그들의 공통된 소명이 인류의 직업이다. 인간의 의무를 다할 수 있게 잘 교육받은 사람이라면 그와 관련된 어떤 직책도 수행할 준비가 되어 있다"라고 말한다. "나의 제자가 군대, 강단 또는 변호사를 위해 계획되었는지 여부는 나에게 중요하지 않다. 자연은 우리를 사회라는 목적지에 앞서 인간의 삶이라는 곳으로 향하도록 정하셨다. 사는 것을 가르치는 것이 나의 직업이다. 내가 그 일을 마쳤을 때, 그는 군인도, 변호사도, 성직자도 아닐 것이다. 먼저 그를 사람이 되게 한다. 그러면 행운의 여신이 뜻하는 대로 그를 한 지위에서 다른 지위로 옮길 것이며, 그는 항상 그의 자리에서 발견될 것이다."

인생이라는 위대한 경주에는 상식이 우선권이 있다. 재치와 상식이 없는 부, 졸업장, 혈통, 재능, 천재성은 작은 인물에 불과하다. 졸업장과 학위가 넘쳐도 무능하고 실용적이지 못한 사람은 뒤처진다. 당신이 무엇을 알고 있는가, 당신은 누구인가가 아니라, 당신은 무엇이며 무엇을 할 수 있는가가 세기의 질문이다.

조지 허버트는 이렇게 말했다. "우리가 무엇인가는, 우리가 무엇을 하는가보다 훨씬 더 중요하다. 정의나 명예, 옳음에 대한 의심의 여지가 조금이라도 있는 목표는 즉시 포기해야 한다. 옳지 않은 것을 옳은 것처럼 보이게 하고, 맛을 내기 위해 잘못된 것을 요리하는 기술이 우리 시대보다 더 광범위하게 배양된 적이 없다. 압력을 받으면 이성이 인간의 옳음에 대한 본능을 무력화한다는 것은 흥미로운 사실이다. 한 저명한 과학자는 사람이 그저 고통을 감수하고 열심히 일하기만 하면 이성이 그를 품위 본능에서 벗어나게 할 것이라고 말했다. 따라서 의심스럽지만 매력적인 미래가 눈앞에 놓이면 옳아 보일 때까지 잘못된 것을 조작하고 싶은 유혹이 커진다. 그러나 부도덕한 목표는 그 자체로 진정한 의미에서의 실패, 즉 육체적, 정신적 실패의 싹을 품고 있다.

모든 사람은 자신의 독특한 부분에 특별한 적응력을 가지고 있다는 것은 의심의 여지가 없다. 우리가 천재라고 부르는 극소수의 사람은 인생의 아주 이른 시기에 이러한 특징이 두드러지게 나타났을 뿐이다.

마담 드 스탈은 다른 여자아이들이 인형에 옷을 입힐 나이에 정치철학에 몰두했다. 모차르트는 겨우 네 살이었을 때 클라비코드를 연주하고 미뉴에트와 다른 곡들을 작곡했는데, 그 곡들은 지금도 존재한다. 어린 찰머스는 엄숙한 분위기와 진지한 몸짓으로 보육원의 의자에 앉아 자주 설교를 하곤 했다. 괴테는 12살에 비극을 썼고, 그로티우스는 15살이 되기 전에 유능한 철학적 작품을 발표했다. 포프는 "숫자로 속삭였다." 채터턴은 11살에 좋은 시를 썼고, 카울리는 16살에 시집을 출간했다. 토머스 로런스와 벤저민 웨스트는 거의 걸을 수 있게 되자마자 초상화를 그렸다. 리스트는 12살에 대중 앞에서 연주했다. 카노바는 어린 시절부터 점토로 모형을 만들었다. 베이컨은 16살에 아리스토텔레스 철학의 결함을 폭로했다. 나폴레옹은 브리엔 군사학교에서 눈싸움을 할 때 군대의 우두머리였다.

이들 모두는 어렸을 때 소질을 보였고 활동적인 삶에서 그것을 따랐다. 그러나 조숙성은 흔하지 않으며, 예외적인 경우가 아니라면 우리는 본성의 성향을 발견해야 한다. 그것이 저절로 드러날 때까지 기다리지 말아야 한다. 만약 발견한다면 그것은 우리에게 금맥보다 더 가치가 있다.

한 주교가 젊은 성직자에게 "나는 당신이 설교하는 것을 금지하지 않는다"라고 말하면서 "그러나 본성은 금지한다"라고 말했다.

로웰은 말했다. "우리를 우리가 아닌 것으로 만들려는 헛된 노력은 역사를 실패한 목적과 미완성의 삶으로 얼룩지게 만들었다."

모든 능력이 깨어나고 본성 전체가 당신이 하는 일에 동의할 때까지, 즉 당신이 그 일에 열정을 가지고 잠자리에 들 때까지 당신은 자신의 자리를 찾지 못했다. 당분간은 고된 노동에 시달려야 할지도 모른다. 가능한 빨리 자신을 해방시켜야 한다. 선교사로 가기 전 "봉헌된 구두 수선공" 캐리는 이렇게 말했다. "내 사업은 복음을 전하는 것이다. 나는 경비를 충당하기 위해 구두를 닦는다"라고 말했다.

당신의 소명이 보잘것없는 것이라면, 다른 사람이 소명에 쏟는 것보다 더 많은 남자다움으로 그것을 높여라. 두뇌와 마음, 에너지와 경제력을 투입하라. 독창적인 방법으로 확장하라. 기업과 산업으로 확장하라. 직업처럼 공부하라. 그것에 대해 알려진 모든 것을 배우라. 가장 위대한 업적은 단일 목적을 가진 사람에게만 주어진다. 그의 영혼의 제국은 어떤 경쟁 세력도 분열시키지 못한다. 따라서 당신의 역량을 집중하라. 다른 사람의 자리를 추구하기보다 자신의 자리를 더 잘 장식하라.

정상에 오르고 싶다면 사업의 밑바닥까지 내려가라. 당신의 사업과 관련해 작은 것이라고는 없다. 모든 세부 사항을 숙달하라. 이것이 바로 A. T. 스튜어트와 존 제이컵 애스터의 성공 비결이었다. 그들은 자기 사업의 모든 것을 알았다.

사랑이 결혼의 유일한 구실이고 결혼 생활의 어려움과 괴로움을 안전하게 헤쳐 나갈 수 있는 유일한 이유인 것처럼, 직업에 대한 사랑은 상인의 삶을 선택하는 100명 중 95명을 궤멸하고 다른 직업에서 매우 많은 사람을 무너뜨리는 어려움을 안전하고 확실하게 헤쳐 나갈 수 있는 유일한 이유이다.

한 유명한 영국인이 그의 조카에게 "우리 집안에는 살인자가 없으니 의사를 선택하지 말게. 자네의 무지로 환자를 죽일 가능성이 있으니까. 법에 신중한 사람은 경험도 없을 뿐만 아니라 일반적으로 너무 자만하여 의뢰인 혼자만 패자가 되는 위험을 초래할 젊은 변호사에게 생명이나 재산을 걸지 않는다네. 그러므로 교리나 교구민에 대한 조언에서 목사가 저지르는 실수는 이승에서는 명확하게 판단할 수 없으니 교회에 들어가기를 조언하네"라고 말했다.

휘티어는 "나는 무언가를 하기 위해 이 세상에 있다고 느꼈고, 반드시 해야 한다고 생각했다"라고 말하면서 그의 위대한 힘의 비결을 밝혔다. 법학, 문학, 의학, 목회 또는 기타 과잉 공급된 직업에 들어가 성공할 수 있는 사람이 바로 그런 사람이다. 확실한 소명, 즉 그것에 대한 사랑과 충실성은 그의 경력의 당당한 요소이다. 단순히 할아버지가 그 분야에서 명성을 얻었기 때문에, 또는 어머니가 원하기 때문에 직업에 대한 애정이나 적응력 없이 뛰어든다면 차라리 일당 1달러 75센트를 받는 전기 자동차의 기사가 되는 것이 더 낫다. 소박한 일에서는 그의 지능이 그를 리더로 만들 수 있지만, 다른 직업에서는 철로 위에 굴러떨어진 바위처럼 다음 기차를 위협하는 해를 끼칠 수도 있다.

불과 몇 년 전만 해도 결혼은 여자에게 열려 있는 유일한 "영역"이었고, 독신 여성은 친구들의 반대에 직면해야 했다. 레싱은 말했다. "생각하는 여자는 루즈를 입은 남자처럼 우스꽝스럽다." 야심 차게 공부와 글쓰기에 도전했던 여성이 손님이 들어오면 책이나 원고를 덮기 위해 자수를 곁에 둔 것이 불과 몇 년 전이었다. 그레고리 박사는 딸들에게 이렇게 말했다. "너희가 뭔가를 배웠다면, 훌륭한 면이 있고 세련된 이해력이 있어 보이는 여성을 질투심과 악의적인 시선으로 바라보는 남자들에게는 깊은 비밀로 간직해라." 당시 책을 쓴 여성은 마치 공개적인 망신이나 되는 것처럼 혐의를 부인했다.

이 모든 것이 바뀌었고, 얼마나 큰 변화인가! 프랜시스 윌러드가 말했듯이 금세기의 가장 위대한 발견은 여성의 발견이다. 우리는 여성을 해방시켰고, 결혼 밖에서 소녀들에게 수많은 기회를 열어주었다. 이전에는 남자아이만 직업을 선택할 수 있었지만, 이제는 여동생도 똑같이 할 수 있다. 이러한 자유는 20세기의 가장 큰 영광 중 하나이다. 그러나 자유에는 책임이 따르기 마련이며, 이러한 변화된 조건에서 모든 소녀는 분명한 목표를 가져야 한다.

"그들은 여성의 영역에 대해 이야기한다.
마치 한계가 있는 것처럼.
지상이나 천상에 있을 곳이 없다.
인류에게 주어진 임무가 없다.
축복도 비애도 없다.
예, 아니오, 라는 속삭임도 없다.

삶도 죽음도 탄생도 없다.
깃털 하나만큼의 가치도 없다.
거기에 여자가 없으면."

에머슨은 "당신에게 주어진 일을 하라. 그러면 당신은 너무 많은 것을 바라거나 너무 큰 것을 시도하지 않는다. 지금 이 순간 페이디아스의 거대한 끌이나 이집트인들의 흙손, 모세나 단테의 펜같이 당신을 부추기는 용감하고 장엄한 발언이 있지만, 당신의 일은 이 모든 것과는 다르다"라고 말한다.

러셀 세이지는 "친구나 영향력이 없는 젊은이가 시작하는 가장 좋은 방법은 첫째, 자리를 얻을 것, 둘째, 입을 다물고 있을 것, 셋째, 관찰할 것, 넷째, 충실할 것, 다섯째, 그가 없으면 고용주가 안개 속에서 길을 잃을 것으로 생각하게 만들 것, 여섯째, 예의 바를 것"이라고 말한다.

"그다음 것을 하라"를 좌우명으로 삼고 있는 존 워너메이커는 성공의 네 가지 단계로 "집중적인 노력, 성실성, 세부 사항에 대한 주의, 신중한 광고"를 제시했다.

인생에서 무엇을 하든 소명보다 더 위대한 사람이 되라. 대부분의 사람은 직업이나 소명을 단순히 생계를 유지하기 위한 수단으로 여긴다. 인생의 위대한 학교, 위대한 인간 계발, 성격 형성을 위해 의도된 것을 얼마나 저급하고 편협하게 바라보는가! 우리 안에 하느님이 주신 모든 능력을 넓고 깊고 높게 만들어, 대칭과 조화와 아름다움으로 완성해야 한다! 태양이 아름다움을 펼치고 꽃잎을 향기롭게 하듯, 삶의 위대한 가능성을 유용성과 힘으로 펼치기 위해 의도된 교훈을 우리가 얼마나 축소하고 회피하는가!

나는 생각하게 되어 기쁘다.
나는 세상을 돌게 할 의무가 없다.
발견하고 실행할 뿐이다.
즐거운 마음으로,
하느님이 정하신 일을.　　　　　　　　　　　　　　• 장 잉겔로

"내가 영원히 알려지려면 어떻게 해야 할까?
너의 의무는 영원하도다!
'이것은 아직 알려지지 않은 사람들로 가득 채웠다.'
오, 절대로, 절대로!
그들이 알려지지 않은 채로 남을 거라고 생각하는가?
그대는 누구를 알지 못하는가?
천상의 천사가 나팔을 불면서 찬양한다.
신이 그들에게 주신 운명을."

7장

어떤 직업이어야 하는가

자연이 당신에게 의도한 대로 하면 성공할 것이다. 그렇지 않으면 아무것도 아닌 존재보다 만 배는 더 나쁘게 될 것이다. • 시드니 스미스

"많은 사람이 자신의 체질 한 조각을 성공의 값으로 지불한다."

어떤 사람도 자신의 본성과 끊임없이 싸워 이길 수 없다. 인생에서 성공하기 위한 최고의 원칙 중 하나는 우리의 신체적 체질과 타고난 성향에 대항하거나 반대하려고 노력하기보다 오히려 맞는 쪽으로 향하기 위해 우리의 직업을 조정하는 것이다. • 불워

직업을 가진 자에게는 재산이 있다. • 프랭클린

자연은 모든 자녀에게 할 일을 준다. • 로웰

직업은 인간 수명에 큰 영향을 미치므로 청년은 자신이 선택하고자 하는 직업이 건강에 도움이 되는지 먼저 확인해야 한다. 정치가, 판사, 성직자는 장수하는 것으로 유명하다. 그들은 치열한 경쟁의 마찰과 그 마찰이 무서운 속도로 삶을 약화시키는 거대한 비즈니스 소용돌이에 휩쓸리지 않는다. 허셜과 훔볼트처럼 엄청난 거리로 이동하는 광활한 우주를 연구하는 천문학자들은 예외적으로 장수한다. 갈릴레오, 베이컨, 뉴턴, 오일러, 돌턴과 같이 정확한 과학을 연구한 철학자, 과학자, 수학자들은 인류가 겪는 많은 질병에서 벗어난 것처럼 보인다. 자연사를 연구한 위대한 학자들도 대체로 장수하고 행복하게 살았다. 1870년에 사망한 영국의 저명한 역사 학회 회원 14명 중 2명은 90세 이상, 5명은 80세 이상, 2명은 70세 이상이었다.

마음의 직업은 육체의 건강에 크게 영향을 미친다.

생명을 위협하고 파괴할 정도로 위험한 직업에 수많은 사람이 종사하고 있다. 무모한 삶의 사례 중에서 바늘과 식탁 포크를 연마하는 드라이포인팅에 고용된 노동자를 능가하는 것은 없다. 그들이 호흡하는 미세한 강철 먼지는 고통스러운 질병을 유발하며, 그 질병으로 인해 40살 이전에 거의 사망할 것이다. 그러나 남성들은 높은 임금에 유혹을 받아 이 직업에 종사할 뿐만 아니라 위험을 줄이기 위해 고안된 모든 장치에도 저항하는데, 이는 그러한 것이 더 많은 노동자를 불러들여 임금을 낮출 것이라는 두려움 때문이다. 많은 의사가 프랑스의 수많은 성냥 공장의 근무 환경이 직원들의 건강에 미치는 영향을 조사했으며, 치아의 급속한 파괴, 턱뼈의 부식 또는 괴사, 기관지염 및 기타 질병이 발생한다는 데 모두 동의했다.

다른 곳보다 농장에서 더 많은 노인을 찾을 수 있다. 농부가 도시에 거주하는 사람이나 다른 직업에 종사하는 사람보다 오래 살아야 하는 이유는 여러 가지가 있다. 맑은 공기, 식욕과 숙면 증진에 도움이 되는 야외 활동 등 도시에서는 비교적 적은 수의 사람만이 누리는 혜택 외에도 도시 생활에서 발생하는 마찰, 괴롭히는 걱정, 불안, 치열한 경쟁에서 자유롭기 때문이다. 반면에 농장에서도 장수를 가로막는 몇 가지 큰 단점과 적이 있다. 사람은 빵만으로는 살 수 없다. 마음은 신체를 건강한 상태로 유지하게 하는 가장 큰 요소이다. 도시의 사회생활, 도서관과 강의, 훌륭한 설교, 다른 마음과의 끊임없는 교제, 다양한 오락을 통해 마음을 살찌울 좋은 기회는 농장 생활에서 얻지 못하는 장점을 크게 보완한다. 도시에 있는 삶을 부식시키고 약화시키고 황폐하게 만드는 것에 대한 절제와 면제가 뛰어남에도 불구하고, 많은 농부가 과학자나 다른 전문직 남성만큼 오래 살지 못한다.

열망과 성공이 수명을 연장하는 경향이 있다는 것은 의심의 여지가 없다. 부를 향한 열렬한 추구로 삶이 닳아 없어지거나 소진하지 않는다면, 번영은 장수하는 경향이 있다. 토머스 W. 히긴슨은 지난 세기에 가장 유명한 설교자 30명의 명단을 작성했는데, 그들의 평균 수명이 69세라는 사실을 발견했다.

일부 지역에 있는 광부의 1,000명 중 600명 이상이 몸이 소모되어 사망한다. 나쁜 공기와 오물이 치명적인 영향을 미치는 유럽의 교도소에서는 사망자 중 61퍼센트 이상이 폐결핵으로 죽는다. 바이에른 수도원에서는 건강한 상태로 입소한 사람의 50퍼센트가 폐결핵으로 사망하고, 프로이센 감옥에서도 거의 같은 비율로 사망한다. 나쁜 공기, 오물, 나쁜 음식의 영향은 20세에서 40세 사이의 사망률이 같은 연령대 일반 인구의 5배에 달한다는 사실에서 알 수 있다. 뉴욕시에서는 20세 이상 사망자의 5분의 1 이상이 이 원인으로 사망한다. 유럽의 대도시에서는 이 비율이 더 높은 경우가 많다. 모든 원인으로 인한 사망자 1,000명 중 평균적으로 폐결핵으로 사망한 농부는 103명, 어부는 108명, 정원사는 121명, 농장 노동자는 122명, 식료품상은 167명, 재단사는 209명, 포목상은 301명, 조판공은 461명으로 거의 절반에 가까운 수가 폐결핵으로 죽었다.

베노이스텐과 롬바르드 박사가 먼지를 흡입해야 하는 직업이나 직종에 대해 장기간 조사한 결과에 따르면, 광물성 먼지가 건강에 가장 해롭고, 동물성 먼지가 그다음, 식물성 먼지가 세 번째로 건강에 해로운 것으로 나타났다.

직업을 선택할 때는 청결, 맑은 공기, 햇빛, 그리고 부식성 먼지와 유독 가스로부터의 자유가 가장 중요하다. 자신의 인생 1년을 돈만 받고 팔겠다는 사람은 미친 사람으로 간주될 것인데도, 우리는 통계와 의사들이 인생을 실제로 5년에서 25년, 30년, 심지어 40년 단축한다고 말하는 직업을 일부러 선택해 운명에 완전히 무관심한 것처럼 행동한다.

길고 불규칙한 간격으로 많은 체력을 소비해야 하는 직업에는 위험이 있다. 정기적으로 또는 체계적으로 고용되지 않는 사람은 영원한 위험에 처하게 된다. 한 의사는 "얼마 전 뉴욕 클럽의 만능 운동선수 32명 중 3명은 소모로 사망했고, 5명은 탈장대를 차야 했으며, 4~5명은 어깨가 처졌고, 3명은 카타르 염증과 부분 난청을 앓고 있다"라고 말했다. 오하이오주 데이턴에 있는 국립 군인의집 수석 외과 의사인 패튼 박사는 "그 기관에 있는 5천 명의 군인 중 80퍼센트가 원정 작전의 무리한 신체 활동으로 인해 어떤 형태로든 심장 질환을 앓고 있다"라고 말했다.

인간의 능력과 기능은 서로 밀접하게 연관되어 있어 어느 한쪽이 영향을 받으면 다른 곳도 영향을 받는다. 근육 시스템을 과도하게 발달시키는 운동선수는 신체적, 정신적, 도덕적 안녕을 희생하며 그렇게 한다. 어떤 능력이나 기능을 과도하게 개발하여 강요하거나 긴장시키면 그것을 망칠 뿐만 아니라 다른 능력이나 기능에도 해로운 반응을 일으키는 경향이 있다는 것은 자연의 법칙이다.

활발한 생각은 신선한 두뇌에서 나온다. 지치고 피곤한 뇌로는 연설이나 책, 에세이에서 용기, 씩씩함, 견고함과 활력, 명석함과 탄력을 기대할 수 없다. 뇌는 성숙에 도달하는 마지막 신체 기관의 하나이며(대략 28세), 특히 청소년기에 과로해서는 안 된다. 한 사람의 미래가 학교에서

뇌를 과도하게 긴장시켜 종종 망가진다.

두뇌 작업자는 하루의 많은 시간을 한쪽에만 투입해서는 훌륭하고 효과적인 작업을 연속해서 수행할 수 없다. 뇌가 피곤할 때, 뇌가 탄력과 신선함을 잃기 시작할 때, 뇌에서 나오는 제품도 동일하게 당도와 힘이 떨어진다. 어떤 사람들은 남는 시간에 완전히 다른 방면에서 작업을 해 방대한 양의 문학 작품을 쓰기도 한다.

대부분의 위대한 사상가가 알고 있듯이 두뇌 활동의 중단이 반드시 두뇌 휴식이 되는 것은 아니다. 두뇌 활동을 많이 하는 사람은 조만간 (불행히도 대개는 나중에) 흥미가 떨어지고 피로감이 찾아오기 때문에 한 가지 능력을 쉬게 하고 다른 능력을 사용하는 방법을 배운다. 이렇게 해서 이룬 정신적 성취로 그들은 세상을 놀라게 할 수 있었다. 이것은 두 가지 능력을 번갈아 사용하면서 어떤 일에서는 휴식을 취하고 다른 일에서는 건강하게 활동하는 기술의 문제이다. 야심 찬 일꾼이 한 세트의 능력을 계속해서 사용하면 곧 비탄에 빠질 것이다. 어떤 뇌세포도 생각의 연소 과정에서 뇌 안에 저장된 것보다 더 많은 뇌력을 배출할 수 없다. 피곤한 뇌는 쉬어야 하며, 그렇지 않으면 신경 피로, 뇌열(腦烈) 또는 뇌 연화(軟化)가 뒤따른다.

일반적으로 신체 활력은 훌륭한 경력의 조건이다. 글래드스턴이 약하고 왜소한 체격이었다면 무엇을 성취할 수 있었을까? 그는 코르푸에서 그리스어로, 피렌체에서 이탈리아어로 청중에게 연설한다. 잠시 후

월리엄 유어트 글래드스턴*

그는 비스마르크와 독일어로 편안하게 대화하거나, 파리에서 유창한 프랑스어를 구사하고, 의회에서 몇 시간 동안 영어로 논쟁을 벌인다. "한 세대에서 다른 세대로 이어지는 훌륭한 신체 조직이라는 단순한 사실 덕분에 성공을 거머쥐고 여러 세대에 걸쳐 그것을 지켜온" 가문들이 있다.

신체나 영혼을 긴장시키거나 마비시키거나 파괴하는 직업은 피해야

---

* William Ewart Gladstone(1809~1898): 영국의 정치가. 총리를 4번이나 지냈다.

한다. 우리의 제조업에 대한 관심은 고용된 사람들을 거의 생각하지 않고, 만들어질 물건만을 고려한다. 어떤 사람이 평생을 사소한 일을 하면서 보내든, 시계 공장에서 나사를 만들면서 보내든, 상관하지 않는다. 그들은 건강을 파괴하고 많은 노동자의 생명을 단축시키는 인, 먼지, 비소, 기형을 유발하는 비좁은 조건에 전혀 주목하지 않는다.

고용된 사람들의 사기를 떨어뜨리는 일을 하도록 유도하는 순간, 우리는 쓸모없는 일보다 더 나쁜 일을 강요하는 것이다. "화가에게 퇴색한 색으로 작업하도록 유도하거나, 건축가에게 망가진 돌로 작업하도록 유도하거나, 건설업자에게 불완전한 재료로 건물을 짓도록 유도하는 것은, 미켈란젤로에게 눈(雪)으로 조각을 하도록 강요하는 것과 같다."

러스킨은 마치 모닥불에 생각을 태워버리는 것이 승리라도 되는 양, 소멸할 수 있는 예술에 천재성을 쏟아붓는 것이 이 시대의 경향이라고 일갈한다. 당신이 다른 사람에게 시킨 일이 당신과 사회에 도움이 되는가? 만약 재봉사를 고용해 무도회 드레스를 위한 아름다운 주름 장식을 네다섯 또는 대여섯 개 만드는데, 그것을 당신만 입고 그것도 무도회에서 한 번만 입는다면, 당신은 돈을 이기적으로 사용하고 있는 것이다. 탐욕과 자비를 혼동하지 말고, 당신이 입는 모든 고상한 옷이 당신 밑에 있는 사람들의 굶주린 입에 많은 것을 넣는다고 스스로 속이지 마라. 당신이 마차에서 내리는 모습을 보기 위해 길거리에서 떨면서 줄을 서는 사람들은 그것이 무엇인지 알고 있다. 이 멋진 드레스는 입에 많은 것을 넣은 것이 아니라 입에서 많은 것을 꺼냈다는 것을 의미한다.

깨끗하고 유용하며 명예로운 직업을 선택하라. 만약 이 점에 의문이 있다면 즉시 그 직업을 포기하라. 나쁜 사업에 익숙해지면 그것이 좋은 것으로 보일 수 있다. 확장성 있는 사업을 선택하라. 어떤 사업은 J. P. 모건도 존경할 만한 사업으로 키워낼 수 없다. 자신을 발전시킬 수 있는 직업, 자신을 높여줄 수 있는 직업, 자기계발과 승진의 기회를 줄 수 있는 직업을 선택하라. 돈을 많이 벌지 못하더라도 인간다움을 더 많이 갖게 될 것이며, 인간다움은 모든 재물보다 우선하고, 모든 직책보다 높으며, 인격은 어떤 직업보다 위대하다. 비좁은 자세로 일해야 하거나 밤과 일요일에 일해야 하는 직업은 가능하면 피하라. 누군가는 이 일을 해야 한다고 자신을 정당화하지 마라. 자신이 아닌 그 "누군가"가 책임을 맡도록 하라. 일의 옳고 그름을 떠나서 일주일 내내 일하고, 자연이 자라고 의도한 밤에 일하고, 자연이 일하라고 의도한 낮에 자는 것은 건강에 해롭다.

많은 사람이 돈이 된다는 이유만으로 자신의 인간성을 왜소하게 만들고, 지성을 비좁게 만들고, 열망을 짓밟고, 섬세한 감성을 무디게 만드는 비열하고 편협한 직업에 종사한다.

롱펠로는 "자신을 연구하라. 무엇보다도 착한 본성이 자신을 탁월하게 만들 수 있는 영역을 주목하라"라고 조언한다.

매슈스 박사는 "인생의 실패가 잘못된 직업에서 비롯되었다고 그 원인을 자주 돌리는 것도 없을 것"이라고 말한다. 우리는 할 수 있는 일보다 할 수 없는 일이 더 많다는 것을 고생과 반복된 실패를 통해 종종 알게 된다. 의심스러운 가능성을 제거하는 이 부정적 과정은 종종 긍정적 결론에 도달하는 유일한 방법이다.

단순히 "명예로운 전문 직업"이라는 이유로 법학이나 의학 또는 신학을 선택함으로써 평생 우스꽝스럽게 된 사람들이 얼마나 많은지! 이 사람들은 존경할 만한 농부나 상인이 되었을지도 모르지만 그런 직업에서는 "보잘것없는 사람들"이다. 그들이 빛을 발할 것으로 생각했던 전문 직업의 영광은 그들의 무능력을 두드러지게 만들 뿐이다.

수천 명의 청소년이 추구할 수단이나 성향이 없고, 자신이 태어난 삶의 조건에 맞지 않는 직업 교육을 받는다. 모든 것을 겉핥기식으로 했던 실패한 학생들은 그들이 성공했을 수준보다 훨씬 더 높은 수준으로 길러진 사람들이다. 파리의 택시 기사 상당수는 신학이나 다른 분야에서 실패한 학생들과 사제복을 입지 않은 사제들이다. 그들은 매우 나쁜 택시 운전사이다.

"톰킨스는 그의 마지막 남은 것과 송곳을 버린다.
문학적 다툼을 위해.
자신을 시인으로 꾸미지만 그의 직업은
여전히 같다. 그는 구두를 수선한다."

아버지나 삼촌, 형제가 그 일을 한다고 해서 그 직업을 선택하지 마

라. 가업을 물려받았기 때문에, 또는 부모님이나 친구가 따라 하기를 원하기 때문에 그 직업을 선택하지 마라. 다른 사람이 그 일로 돈을 벌었기 때문에 선택하지 마라. "적당한 일"이고 "신사적인" 사업으로 간주되기 때문에 선택하지 마라. 고된 일, 골칫거리, 고난, 모든 불쾌한 일이 없고 아주 적은 노력으로도 배울 수 있는 "부드러운 직업"에 대한 열광은 많은 젊은이를 망친다.

자신에게 맞지 않은 일을 하려고 할 때 우리는 자신의 장점이 아니라 약점을 따라 일하게 된다. 의지와 열정이 떨어진다. 반쪽짜리 일, 엉터리 일을 하고, 자신감을 잃고, 남들이 하는 일을 할 수 없기 때문에 자신이 바보라고 결론을 내린다. 제자리를 찾지 못했기 때문에 삶의 전체 분위기가 낮아지고 사기가 떨어진다.

직업을 일찌감치 현명하게 선택하는 것이, 젊고 희망이 가득하고 동물적 기운이 높고 열정이 왕성할 때 적절한 직업의 길을 시작하는 것이, 성공으로 가는 지름길이다. 우리가 내딛는 모든 발걸음, 우리가 매일 하는 일, 우리가 치는 모든 타격이 삶을 넓고 깊고 풍요롭게 하는 데 도움이 된다는 것을 느끼면서!

실패하는 사람은 원칙적으로 자신의 자리를 벗어난 사람이다. 제자리에서 벗어난 사람은 반쪽짜리 사람에 불과하다. 그의 본성 자체가 왜곡되어 있다. 그는 자신의 본성을 거스르며 물살을 거슬러 노를 젓고 있다. 힘이 소진되면 물살을 따라 떠내려갈 것이다. 본성 전체가 그의 직업을 끊임없이 반항한다면 그 사람은 성공할 수 없다. 성공하려면 그의 직업은 그의 모든 능력의 동의를 얻어야 하며, 그의 목적과 조화를 이루어야 한다.

젊은이를 교활하고 부정직하게 만들며, 그의 모든 고귀한 자질을 오그라들고 죽게 만드는, 자신의 낮고 열등한 자질만을 불러일으키는 직업을 선택할 이유가 있는가? 그가 인간 대신에 자기 안에 있는 짐승만을 발전시키는 직업을 선택할 이유가 있는가? 불도그의 자질, 지나치게 뻗어 움켜쥐는 자질, 얻고 절대 주지 않으려는 자질, 높은 자아는 위축시키면서 영악한 두뇌만 발전시키는 직업을 선택할 이유가 있을까?

직업을 선택하는 가장 좋은 방법은 "정부가 나의 자질과 적응력을 과학적으로 고려하여 모든 국민에게 최선의 이익이 되도록 나를 배치한다면 무엇을 하게 될까?"라고 자신에게 질문하는 것이다. 노르웨이인의 교훈은 좋은 사례이다. "너 자신을 온전히 네 동료에게 내어주면 그들이 곧 너에게 돌려줄 것이다." 우리는 다른 사람을 위해 가장 많은 일을 할 수 있는 위치에 있을 때 자신을 위해 가장 많은 일을 할 수 있다. 우리가 가진 최고의 능력을 최대한 발휘할 수 있는 위치에 있을 때 자신과 타인을 위해 가장 많은 일을 한다. 다시 말해, 다른 사람을 위해 가장 잘 성공할 때 자신을 위해 가장 잘 성공하는 것이다.

소년 소녀의 타고난 성향을 알려주는 기관들이 나타날 것이다. 경험이 많고 관찰력이 면밀한 사람들이 청소년의 타고난 성향을 연구해 그의 최대 장점이 어디에 있는지, 그리고 그것을 가장 잘 활용할 방법이 무엇인지 찾도록 도와줄 것이다. 우리가 모든 젊은이는 조만간 자신의 최대 장점을 발견해 약점보다는 장점으로 생계를 유지할 것이라는 사실을 당연하게 여길지라도, 그 발견은 종종 인생에서 너무 늦게 이루어지기 때문에 큰 성공은 사실상 불가능하다. 그런 기관들은 소년 소녀들이 인생의 초기에 적절한 직업을 시작할 수 있도록 도울 것이다. 그리고 일찍 선택하면 길을 단축할 수 있다. 작은 노력일지라도 올바른 방향으로 인생을 시작하는 것만큼 중요한 것이 있을까? 아무리 큰 노력을 기울여도 잘못된 방향으로 고단한 삶을 사는 것보다 낫지 않을까? 자신이 있어야 할 곳에 있을 때 실패하거나 불행하거나 사악해지는 경우는 거의 없다.

하지만 일단 직업을 선택한 후에는 절대로 뒤돌아보지 말고 있는 힘을 다해 매진하라. 그 어떤 것도 당신을 유혹하거나 목표에서 한 치도 흔들리지 않게 하면 당신은 승리할 것이다. 모든 직업에서 나타나는 골칫거리나 일시적인 낙담이나 실망으로 인해 목적이 흔들리지 않도록 하라. 다른 분야에서 더 잘할 수 있다는 생각에 끊임없이 쫓긴다면 직업의 고단함에 시달리면서도 결코 성공할 수 없다. 목적에 대한 강한 집념만이 모든 직업에서 나타나는 어려운 고비를 넘어 궁극적인 승리로 이끄는 유일한 힘이다. 이러한 결단력, 즉 목적의 고착화는 다른 사람이 우리를 확신하도록 이끌기 때문에 우리의 성공에 큰 도덕적 영향을 준다. 그것은 신용과 도덕적 지원을 수천 가지 방법으로 제공한다. 사람들은 항상 고정된 목적을 가진 사람을 믿으며, 자기 직업에 느슨하거나 무관심하거나 언제든지 바꾸거나 실패할 것 같은 사람보다 두 배나 빨리 그를 도울 것이다. 결단력 있는 사람은 실패할 가능성이 없다는 것을 누구나 알고 있다. 그들은 성공에 대한 확신을 끈기, 근성, 결단력 속에 담고 있다.

세상은 당신에게 무엇을 하라고 명령하지 않지만, 무엇을 하든 당신이 있는 곳에서 왕이 될 것을 요구한다. 적재적소에 있는 젊은 남녀가 전력을 다해 주어진 것을 최대한 활용하고, 재능이나 힘을 낭비해서는 안 된다고 결심하는 것보다 더 멋진 광경은 없다. 우리가 원하는 것은 돈도 지위도 아닌 힘이며, 인격은 어떤 직업보다 더 큰 존재이다.

가필드는 "여러분에게 간청하건대, 끊임없는 지적 성장을 요구하거나 강요하지 않는 사업은 그 어떤 것이든 뛰어들지 마십시오"라고 말했다. 자신을 세련되게 하고 고양시키는 직업, 자랑스러워할 만한 직업, 자기 수양과 자기 고양을 위한 시간을 줄 수 있는 직업, 자신의 인간성을 확대하고 확장시켜 더 나은 시민, 더 나은 사람으로 만들어 줄 직업을 선택하라.

더 높은 삶을 위한 힘을 얻고 끊임없이 성장하는 것이 인간 존재의 위대한 목적이다. 당신의 직업은 위대한 삶의 학교, 위대한 인간 개발자, 인격 형성자여야 한다. 그것은 넓어지고 깊어져 대칭, 조화, 아름다움, 하느님이 당신 안에 주신 모든 능력으로 완성되어야 한다.

당신이 하는 것은 그것이 무엇이든 당신의 직업보다 더 큰 것이어야 한다. 당신의 지위, 재산, 직업, 직함보다 당신의 인간다움을 더 높이 두라. 사람은 직업에 있는 좁아지고 굳어지는 경향에 대응하기 위해 열심히 일하고 공부해야 한다. 골드스미스가 말했다.

우주를 위해 태어난 버크는 마음을 좁혔다,
그리고 파티를 하기 위해 인류를 위한 일을 포기했다.

위쪽을 향하도록 하라. 선택하려는 직업에 종사하는 사람들을 연구하라. 그 직업을 따르는 사람들을 고양하는가? 그들은 폭넓고 자유롭고 지적인 사람들인가? 아니면 직업의 부속물에 불과한 존재가 되어 공동체에서 지위도 없고 쓸모도 없는 틀에 박힌 삶을 살고 있는가? 당신은 예외가 될 거라고 생각하는가? 의심스러운 직업의 산물이 되지 않고도 그 직업에 들어갈 수 있다고 생각하는가? 당신의 모든 결심과 의지에도 불구하고, 당신의 직업은 연상 작용과 습관이라는 법칙에 따라 마치 바이스(vice)처럼 당신을 붙잡고, 당신을 빚고, 모양을 만들고, 길들이고, 피할 수 없는 인상을 당신에게 새길 것이다. 밝고 개방적이며 관대한 젊은이들이 높은 희망과 원대한 목표를 가지고 대학을 떠나서 의심스러운 직업에 뛰어들었다가 몇 년이 지나 거의 알아볼 수 없을 정도로 변해버린 모습으로 대학 졸업식에 오는 것을 얼마나 자주 보았던가? 한때 넓고 고상했던 이목구비가 위축되고 좁아졌다. 그 남자는 탐욕스럽고, 인색하고, 비열하고, 딱딱해졌다. 우리는 단지 몇 년이 그렇게 관대하고 온화한 젊은이를 그렇게 바꿀 수 있는지 묻는다.

정상에 오르려면 바닥으로 가라. 모든 세부 사항에서 직업의 주인이 되라. 당신의 사업과 관련해 사소한 것은 없다.

인생에서 실패한 수천 명의 사람은 다양한 직종에서 고된 일을 해왔다. 그들은 한 방향으로 노력을 기울였다면 큰 성공을 거둘 수 있었을 것이다. 그 정비공은 엔진을 만들기 위해 시작했지만 제대로 해내지 못하고, 다른 직종으로 옮겨 거의 성공할 뻔했지만 숙련도를 쌓는 시점에 도달하지 못해 다시 실패했다. 세상에는 "거의 성공할 뻔한" 사람들로 가득하다. 그들은 성공의 이쪽에서 멈춘다. 그들의 용기는 전문가가 되기 직전에 사라진다. 우리 중 얼마나 많은 사람이 습득한 언어가 숙련 단계에 이르지 못해 영구적으로 사용할 수 없는 상태로 남아 있는가? 쓰지도 말하지도 못하지만 "거의 다 아는" 언어 한두 개, 요소들을 완전히 습득하지 못한 과학 한두 개, 부분적으로 익혔지만 만족스럽거나 유익하게 시연할 수 없는 예술 한두 개를 가진 사람이 얼마나 많은가! 반쯤 완성된 작업을 포기함으로써 체득한 변덕의 습관은 혹시나 나중에 쓰일지 모르는 한 가지 직업에서 얻은 작은 기술의 유용성도 상쇄해버릴 것이다.

종종 치명적인 재능이 되는 다재다능함을 조심하라. 많은 사람이 중간 정도의 수준으로 찢어지면서 위대한 사람이 되는 것을 놓쳐버린다. 보편성은 장래가 촉망되는 인재를 망가뜨리는 도깨비불이다. 백 가지 주제에 대한 지식을 얻으려고 시도하지만 아무것도 마스터하지 못한다. 이 나라 최고의 제조업자 중 한 사람은 "만능 재주꾼은 우리 세대에는 기회가 있었지만 지금은 없다"라고 말한다.

헨리 소로는 "한 사람의 배움의 척도는 그가 얼마나 자발적으로 무지한가이다"라고 말했다. 항해 나침반을 만드는 공장에 가면 자성을 띠기 전의 바늘을 볼 수 있는데, 바늘은 아무 방향이나 가리킬 것이다. 그러나 자석을 붙이고 그 특유의 힘을 받으면 그 순간부터 바늘은 북쪽을 가리키고 그 후로도 계속 극을 가리킨다. 따라서 인간은 위대한 목적에 의해 편광되기 전에는 어느 방향도 꾸준히 가리키지 않는다.

삶과 에너지, 열정을 자신이 할 수 있는 최고의 일에 바치라. 캐논 패러는 "인생에서 가능한 진정한 실패는 단 하나, 자신이 아는 최고에 충실하지 않은 것뿐이다"라고 말했다.

"'영원히 알려지려면 무엇을 해야 할까?' 그것이 당신의 영원한 의무다."

주어진 환경이 허락하는 범위 내에서 최선을 다하는 사람,
잘하고, 고귀하게 행동하고, 천사도 그 이상 할 수 없다.　　　　・영

스위프트는 "옥수수 이삭 두 개, 풀잎 두 개도 자라지 않던 땅에서 옥수수 이삭 두 개, 풀잎 두 개가 자라게 할 수 있는 사람이라면 더 나은 인류가 될 자격이 있으며, 모든 정치인을 합친 것보다 국가에 더 중요한 봉사를 하는 것"이라고 말했다.

8장

집중력

내가 하는 이 한 가지 일. • 성 바울

인생의 유일한 신중함은 집중에 있고, 유일한 악은 산만함에 있으며, 우리의 산만함의 질이 높든 낮든 아무런 차이가 없다. 장난과 망상을 하나라도 더 없애고, 우리를 집으로 돌려보내 충실한 일을 한 번이라도 더 하게 만드는 것은 무엇이든 선하다. • 에머슨

인생에서 단 한 가지를 추구하는 사람,
인생이 끝나기 전에 그것을 성취하기를 바란다.
그러나 모든 것을 구하는 사람은 어디를 가든
주위에 뿌린 희망에서 거둘 뿐이다.
황량한 후회의 수확. • 오언 메레디스

오래 살수록 한 사람과 다른 사람, 약자와 강자, 위대하고 보잘것없

는 사람을 구분하는 것은 에너지, 즉 불굴의 결단력이며, 한번 형성된 목적은 죽음이나 승리로 이어진다는 것을 더욱 깊이 확신하게 된다.
• 파웰 벅스턴

"프랑크푸르트에는 우리를 위한 공간이 충분치 않았어요." 네이선 메이어 로스차일드는 자신과 그의 네 형제에 대해 이렇게 말했다. "저는 영국 상품을 취급했어요. 시장을 독차지하던 거대한 상인이 그곳에 있었어요. 그는 대단한 사람이었고, 우리에게 물건을 팔면서 호의를 베풀었죠. 그런데 제가 그의 기분을 상하게 했는지, 더 이상 예전처럼 대해주지 않더군요. 그날이 화요일이었어요. 저는 아버지에게 '영국으로 가겠다'라고 말했죠. 목요일에 출발했어요. 영국에 가까워질수록 물건이 더 싸지더군요. 맨체스터에 도착하자마자 모든 돈을 쏟아부었고, 물건이 너무 싸서 큰 수익을 올렸죠."

이것을 들은 한 청자가 "당신의 자녀들이 돈과 사업에 빠져 더 중요한 것을 놓치지 않았으면 좋겠어요. 당신도 자녀들이 그렇게 되는 것을 원치 않을 거라고 확신해요"라고 말했다.

로스차일드는 "저는 분명 그렇게 되기를 바랍니다. 저는 그들이 정신과 영혼, 마음과 몸, 모든 것을 사업에 바치기를 바랍니다. 그것이 행복해지는 길입니다"라고 답했다. 그는 한 젊은 양조업자에게 "젊은이여, 한 가지 사업에 충실하라. 양조장에 충실하면 런던의 위대한 양조업자가 될 수 있다. 그러나 양조업자, 은행가, 상인, 제조업자가 되면 곧 파산자로 관보에 실릴 것이다"라고 말했다.

그저 그런 많은 것 중의 하나가 아니라 최고의 하나가 되는 것이 시대의 요구이다. 이 치열한 집중의 시대에 노력을 흩뿌리는 사람은 성공을 기대할 수 없다.

"물건을 치우고, 메시지를 받아 적고, 카펫을 두드리고, 어떤 주제에 대해 시를 짓는다"라는 런던의 한 남자는 이것들에서 별로 성공하지 못했고, "기사를 요약하고, 꽃의 언어를 설명하고, 튀긴 감자를 파는 공공 서기"인 파리의 케나르 씨를 떠올리게 한다.

성공하는 사람과 실패하는 사람의 가장 큰 차이는 각자가 하는 업무의 양이 아니라 똑똑하게 하는 업무의 양에 있다. 가장 불명예스럽게 실패하는 사람 중 상당수는 충분히 큰 성공을 거둘 수 있음에도 불구하고 한 손으로 쌓고 다른 손으로 허물어뜨리는 주먹구구식으로 일한다. 그들은 상황을 파악하고 그것을 기회로 바꾸지 않는다. 그들은 정직한 패배를 승리로 바꾸는 능력이 없다. 성공의 날실과 씨실이 되는 능력도 충분하고 시간도 풍족하지만, 텅 빈 북을 끊임없이 들이고 빼기 때문에 진정한 인생의 그물은 절대 엮이지 않는다.

그들 중 한 명에게 인생의 목표와 목적을 말해 보라고 하면 이렇게 말할 것이다. "나는 내가 가장 잘할 수 있는 것이 무엇인지 아직 알지 못하지만, 진정한 노력을 철저히 믿고 있으며, 평생 일찍 시작해서 늦게까지 파기로 결심했으므로, 금이든 은이든, 아니면 적어도 철이라도, 무언가를 발견할 것이다." 나는 단호하게 아니라고 말한다. 똑똑한 사람이 은과 금의 광맥을 발견하기 위해 대륙 전체를 파헤치겠는가? 무엇을 발견할 수 있을지 끊임없이 찾아다니는 사람은 절대로 아무것도 발견하지 못한다. 우리가 특별히 무언가를 찾지 않는다면 우리는 발견하고도 그 이상은 얻지 못한다. 우리는 전심을 다해 찾는 것을 발견한다. 벌은 꽃을 방문하는 유일한 곤충은 아니지만 꿀을 운반하는 유일한 곤충이다. 젊어서 수년간 공부와 수고로 얻은 자료가 아무리 풍부해도 미래의 일에 대한 뚜렷한 생각이 없는 상태에서 사회에 나가면, 그것들을 인상적인 구조로 배열하고 장엄한 비율로 부여하는 행복한 상황의 결합은 없다.

엘리자베스 스튜어트 펠프스 와드는 "뚜렷한 목표를 갖는다는 것은 삶을 지배하는 엄청난 힘이다"라고 말한다. "어떤 이유를 위해 살기 시작할 때 목소리, 옷차림, 표정, 동작 하나가 그 사람의 삶을 정의하고 변화시킨다. 나는 혼잡한 거리에서 스스로 자립하는 바쁘고 축복받은 여성들을 고를 수 있기를 바란다. 허름한 알파카 직물도 그들을 숨길 수 없고, 비단으로 만든 보닛으로도 숨길 수 없으며, 심지어 병이나 피로조차도 끌어내리지 못하는 의식적인 자존심과 자기만족의 기운으로 자신을 이끌어간다."

자신이 어느 항구에 묶여 있는지 모르는 선원에게 바람은 절대 우호적으로 불지 않는다고 한다.

칼라일은 "가장 약한 생명체는 자신의 힘을 하나의 대상에 집중함으로써 무언가를 이룰 수 있는 반면, 가장 강한 생명체는 자신의 힘을 여러 곳에 분산시킴으로써 아무것도 이루지 못할 수 있다"라고 말한다. "물방울은 계속 떨어지면서 단단한 바위를 뚫고 지나간다. 급류는 끔찍한 소란을 일으키며 그 위를 빠르게 지나가며 아무것도 남기지 않는다."

한 현명한 설교자는 "어렸을 때는 사람을 죽이는 것이 천둥이라고 생각했지만, 나이가 들면서 그것이 번개라는 것을 알게 되었다. 그래서 천둥은 줄이고 번개는 늘이기로 결심했다"라고 말했다.

순무를 기르는 기술일지라도 한 가지를 잘 알고 다른 누구보다 잘할 수 있는 사람은 그에 합당한 왕관을 받는다. 모든 힘을 집중하여 최고의 순무를 키운다면 그는 인류의 은인이며, 그렇게 인정받는다.

도롱뇽을 둘로 자르면 앞부분은 앞으로 달리고 다른 부분은 뒤로 달린다. 목적을 나누는 자의 발전이 이와 같다. 성공은 흩어진 힘을 경계한다.

마음의 힘을 다해 꾸준하고 끈질기게 가치 있는 대상을 추구하면서 자신의 삶을 실패로 만드는 사람은 없다. 수지 양초를 천막 옆면으로 던지면 천막을 뚫을 수 없지만 참나무 판자에 던지면 뚫을 수 있다. 산탄을 모아 총알 한 발을 만들어 발사하면 네 사람의 몸을 뚫을 수 있다. 겨울에 태양 광선을 한곳에 모으면 쉽게 불을 피울 수 있다.

인류의 거인들은 목적을 달성할 때까지 한곳에 집중해 쇠망치를 내리친 집중력의 소유자였다. 오늘날의 성공한 사람들은 하나의 압도적 생각, 하나의 확고한 목표, 하나의 강렬한 목적을 가진 사람들이다. "흩어짐"은 미국 비즈니스 생활의 저주이다. 24개 언어로 대화할 수 있지만 그중 어느 언어로도 표현할 아이디어가 없는 더글러스 제럴드의 친구 같은 사람이 너무나 많다.

시드니 스미스는 "유일하게 가치 있는 공부는 저녁 식사 시간이 생각보다 2시간 빨리 올 정도로 열심히 읽는 것이다"라고 말한다. "리비우스와 마주 보고 함께 앉아 국회 의사당을 구한 거위 울음소리*를 듣고, 칸나에 전투 후 로마 기사들의 반지를 모아 가마니에 쌓아두는 카르타고 제사장의 모습을 눈으로 보는 것이다. 그리고 당신이 읽고 있는 행동에 너무 몰두하여 누군가 문을 두드리면, 한니발의 비바람에 지친 얼굴을 보고 그의 외눈의 찬란함에 감탄한 나머지 자신이 서재에 있는지 아니면 롬바르디아 평원에 있는지 판단하는 데 2~3초가 걸릴 것이다."

찰스 디킨스는 "모든 연구와 추구에서 유용하고, 안전하고, 확실하고, 보람 있고, 획득할 수 있는 한 가지 자질은 집중력이다. 평범하게, 겸손하고, 인내심 있고, 매일매일 수고하고, 끈질기게 집중하는 습관이 없었다면 나는 창작이나 상상도, 지금과 같은 성과도 거두지 못했을 것이

---

* 고대 역사가 티투스 리비우스 기록한 '일리아 전투'에 나오는 일화이다. 새벽에 침입하는 갈리아 군을 거위가 보고서 큰 소리로 울어 알려 로마군이 물리쳤다는 내용이다.

다"라고 말했다. 또한 성공의 비결을 묻는 질문에는 이렇게 대답했다. "내 전부를 바칠 수 있는 일에 한 손만 대는 일은 절대로 하지 않았다." 조지프 거니는 아들에게 "모든 일에 온전한 사람이 되라. 공부할 때도, 일할 때도, 놀 때도 온전한 사람이 되라"라고 당부했다.

목적에 흔들리지 마라.

찰스 킹슬리는 "당분간 세상에 아무것도 없다는 듯이 내 일에 집중한다. 그것이 모든 열심히 일하는 사람들의 비결이지만, 대부분 사람은 그것을 즐거움으로까지 연결시키지 못한다"라고 말했다.

많은 사람이 독보적인 전문가가 되기보다는 여러 가지 작은 것으로 쪼개진 만능 재주꾼이 되는 것을 선택함으로써 위대한 사람이 되는 데 실패한다.

S. T. 콜리지는 놀라운 정신력을 가졌지만 뚜렷한 목적이 없었고, 에너지를 소모하고 체력을 고갈시키는 정신적 소멸의 분위기 속에서 살았다. 그는 여러 면에서 비참한 실패를 맛보았다. 그는 꿈속에서 살다가 몽상 속에서 죽었다. 끊임없이 계획과 결심을 세웠지만, 죽는 날까지 그저 결심과 계획에 머무르고 말았다.

그는 항상 무언가를 하려고만 했지 결코 실행에 옮기지 못했다. 찰스 램은 친구에게 "콜리지가 죽었다"라며 "그는 형이상학과 신성에 관한 4

만 편이 넘는 논문을 남겼는데, 그중 한 편도 완성된 것이 없다고 한다!"라고 편지했다.

자기 능력을 한 가지 분야에 국한한 만큼 모든 위인은 위대해졌고 모든 성공한 사람은 성공했다.

호가스는 사람의 얼굴에 시선을 고정하고 그 얼굴이 기억되어 마음대로 재현할 수 있을 때까지 연구했다. 그는 다시는 볼 기회가 없을 것처럼 각 사물을 열심히 연구하고 조사했으며, 이러한 면밀한 관찰 습관 덕분에 놀라운 디테일로 작품을 발전시킬 수 있었다. 그가 살았던 시대의 사고방식이 작품에 그대로 반영되었다. 그는 뛰어난 교육이나 교양을 갖춘 사람은 아니었지만 관찰력만큼은 뛰어났다.

거대한 행렬이 브로드웨이를 지나고, 거리에는 사람들이 늘어서 있고, 밴드가 흥겹게 연주하는 가운데 호레이스 그릴리는 애스터 하우스의 계단에 앉아 모자 꼭대기를 책상으로 삼아 〈뉴욕 트리뷴〉의 사설을 썼고, 이 사설은 널리 인용되곤 했다.

자극적인 기사를 불쾌하게 느낀 한 신사가 〈트리뷴〉 사무실을 방문해 편집자를 찾았다. 그는 7×9인치 크기의 작은 방으로 안내되었고, 그곳에서 그릴리는 고개를 신문에 바짝 붙이고 앉아 빠른 속도로 무언가를 쓰고 있었다. 화가 난 신사가 그에게 그릴리 씨냐고 물었다. "네, 선생님. 무슨 일이시죠?" 편집자는 신문에서 한 번도 고개를 들지 않고 재빨리 대답했다. 그러자 화난 방문객은 예의나 예절, 이성을 전혀 고려하지 않고 혀를 휘두르기 시작했다. 그 와중에도 그릴리 씨는 계속 글을 썼다. 그는 방문자에게 조금도 관심을 기울이지 않은 채 가장 맹렬한 스타일로 한 페이지 한 페이지 써 내려갔다. 마침내 약 20분 동안 편집실에서 격렬한 욕설을 쏟아낸 그 남자는 혐오를 느껴 방을 나가려고 돌아섰다. 그러자 그릴리 씨는 처음으로 고개를 들어 의자에서 일어나 그 신사의 어깨를 친근하게 두드리며 유쾌한 목소리로 말했다. "가지 마요, 친구. 앉아서 마음을 비워요. 그러면 기분이 좋아질 거예요. 게다가 내가 무엇을 써야 할지 생각하는 데 도움이 됩니다. 가지 마요."

하나의 확고한 목표가 성공한 사람들의 특징이다.

시드니 스미스는 "대니얼 웹스터는 내게 바지를 입은 증기 기관차처럼 보였다"라고 말했다.

애덤스가 말했듯이 브로엄 경은 캐닝과 마찬가지로 재능이 너무 많았다. 그는 변호사로서 얻을 수 있는 가장 훌륭한 자리인 영국 대법관을 했으며, 과학 연구로 과학자들의 박수를 받았지만, 그의 삶은 전반적으로 실패작이었다. 그는 "변덕이 심한" 사람이었다. 그의 모든 훌륭한 능력에도 불구하고 그는 역사나 문학에 영구적인 흔적을 남기지 못했고, 실제로 자신의 명성보다 오래 살았다.

마르티노 양은 말했다. "다게레오타입 사진 촬영법이 유행하기 시작했을 때 브로엄 경은 칸(Cannes)에 있는 그의 저택에 있었다. 한 예술가가 발코니에서 손님들과 함께 저택의 풍경을 찍기로 했다. 그는 5초 동안 완벽하게 가만히 있으라는 요청을 받고서 움직이지 않겠다고 약속했지만, 아쉽게도 움직였다. 그 결과 브로엄 경이 있어야 할 자리에 흐릿한 부분이 생겼다."

그녀는 계속 말했다. "여기에는 매우 전형적인 것이 있다. 삶의 역사를 담은 우리 세대의 사진에서 이 사람은 중심인물이어야 했다. 그러나 그는 확고함을 원하지 않았기 때문에 브로엄 경이 있어야 할 곳은 영원히 흐려질 것이다. 집중력과 확고한 목적의식의 부족으로 얼마나 많은 삶이 흐려지는가!"

파웰 벅스턴은 자신의 성공 비결을 평범한 수단과 비범한 적용, 그리고 한 번에 한 가지 일에 온전히 집중했기 때문이라고 말했다. 한 가지 목표를 흔들림 없이 추구하면 언제나 승리할 수 있다. "Non multa, sed multum", 즉 "많은 것이 아니라 충분히"는 에드워드 코크의 좌우명이었다.

바늘의 거의 보이지 않는 끝, 면도기나 도끼의 예리하고 가느다란 날이 뒤따라오는 덩어리를 위한 길을 연다. 뾰족하거나 날카로운 것이 없다면 덩어리는 쓸모가 없을 것이다. 장애물을 베어 길을 뚫고 눈부신 성공을 거두는 것은 예리한 날을 가진 사람, 즉 한 가지 일에 몰두하는 사람이다. 우리 능력의 조화로운 발전을 방해하는 한 가지 사상에 대한 맹신은 피해야 하겠지만, 다른 한편으로 W. M. 프래드가 다음과 같이 말한 극단적인 다재다능함도 피해야 한다.

> 그의 연설은 흐르는 시냇물과 같다.
> 바위에서 장미로 빠르게 변한다.
> 정치에서 말장난으로 미끄러진다.
> 마호메트에서 모세까지 미끄러지듯 간다.
> 행성들이 빛을 발하는 궤도를 지키는 법으로 시작해서
> 장어 껍질을 벗기거나 말의 편자를 박는
> 깊은 교훈으로 끝난다.

걷는 법을 배우는 아이에게 어떤 물체에 시선을 고정하게 할 수 있다면 아이는 일반적으로 넘어지지 않고 그 지점까지 이동하지만, 주의가 산만해지면 넘어진다.

오늘날 직장을 구하는 청년에게 어느 대학 출신인지, 조상이 누구인지 묻지 않는다. "무엇을 할 수 있는가?"가 중요한 질문이다. 원하는 것은 특별한 훈련이다. 위대한 기업과 대기업의 수장들은 대부분 바닥부터 차근차근 승진해 온 사람들이다.

세실은 월터 롤리의 성공을 설명하면서 "나는 그가 엄청나게 노력할 수 있는 것을 안다"라고 말했다.

일반적으로 마음이 갈망하는 것은 머리와 손이 얻어낼 수 있다. 지식, 부, 성공의 흐름은 바다의 조류만큼이나 확실하고 고정적이다. 우리는 모든 위대한 성공에서 하나의 확고한 목표에 역량을 집중하는 집중력, 모든 어려움에도 불구하고 사업을 추구하는 인내, 그리고 모든 시련과 실망과 유혹을 견디는 용기의 힘을 찾을 수 있다.

화학자들은 1에이커의 풀밭에 전 세계의 모든 방앗간과 증기 기관차를 움직일 만한 힘이 있으므로, 그 힘을 증기 기관의 피스톤 로드에 모으기만 하면 된다고 말한다. 그러나 그것은 잠들어 있기 때문에 과학에 비추어 볼 때 상대적으로 가치가 없다.

매슈스 박사는, 자신을 많은 것에 흩뿌리는 사람은 곧 힘을 잃고 그 힘과 함께 열정도 잃는다고 말한다.

워터스는 "요행수를 노리고 공부하지 마라"라고 말한다. "그런 공부는 모두 헛된 것이다. 계획을 세우고, 목표를 세우고, 그런 뒤 그것을 위해 공부하며, 그것에 관해 할 수 있는 모든 것을 배우라. 그러면 반드시 성공할 것이다. 요행수를 노리고 공부하는 것은 언젠가 유용할지도 모른다는 생각에 목적 없이 무언가를 배우는 것인데, 이는 마치 톰슨이라는 이름이 적힌 놋쇠 문패를 언젠가 유용할지도 모른다는 생각에 경매에서 구입하는 여인의 행동과 같다!"

목표의 명확성은 모든 진정한 예술의 특징이다. 위대한 화가는 하나의 캔버스에 가장 많은 아이디어를 쏟아부어 모든 인물이 똑같아 보이게 하지 않는다. 진정한 예술가는 최대의 다양성이 최대의 통일성을 드러내게 만들고, 중심인물에서 중심 아이디어를 발전시키고, 모든 하위 인물, 조명 및 음영이 그 중심을 가리키고 거기에서 표현을 찾게 한다. 따라서 모든 균형 잡힌 삶에는 재능이 아무리 다양하거나 교양이 아무리 넓더라도, 영혼의 모든 하위 힘이 초점을 맞추고 적절한 표현을 찾을 수 있는 하나의 거대한 중심 목적이 있다. 자연에는 힘의 낭비도 우연에 맡기는 것도 없다. 창조의 북이 혼돈을 뚫고 처음으로 발사된 이래로 디자인은 모든 황금빛 실의 과정을 표시해 왔다. 모든 나뭇잎, 모든 꽃, 모든 수정, 심지어 원자 하나에도 모든 피조물의 정점인 인간을 가리키는 목적이 새겨져 있다.

젊은이들은 종종 높은 곳을 조준하라는 말을 듣지만, 우리는 맞출 대상을 조준해야 한다. 일반적인 목적으로는 충분하지 않다. 활에서 쏜 화살은 날아가면서 무엇을 맞출 수 있는지 확인하기 위해 돌아다니지 않고 곧장 과녁을 향해 날아간다. 자석 바늘은 하늘의 모든 빛을 가리키며 가장 좋아하는 빛을 찾으려고 하지 않는다. 모든 빛이 자석의 마음을 끈다. 태양은 눈을 부시게 하고, 유성은 손짓하고, 별들은 반짝이며 애정을 얻으려고 하지만, 바늘은 본능에 충실해 햇볕이 내리쬐거나 폭풍우가 몰아쳐도 한 치의 오차도 없는 손가락으로 북극성을 꾸준히 가리킨다. 다른 별들은 모든 시대를 위대한 중심을 따라 지치지 않고 돌아야 하지만, 북극성은 홀로 인간의 이해를 넘어선 먼 곳에서 2만5천 년이 넘는 시간 동안 자신의 궤도를 따라 위풍당당하게 움직이고 있다.

인간의 모든 실제적 목적은 하루만이 아니라 한 세기를 위해 고정되어 있다. 인생의 모든 여정에서 다른 빛들이 우리를 소중한 목표, 즉 진리와 의무의 길에서 끌어내기 위해 손짓할 것이다. 그러므로 빌린 빛으로 빛을 발하는 달이나 눈부시지만 결코 길잡이가 되지 못하는 유성이 우리의 목적 바늘을 희망의 북극성에서 돌리지 못하게 하라.

9장

"정시에" 또는 시간 엄수의 승리

"시간의 위대한 시계에는 오직 한 단어 '지금'만이 있다."

"지구가 5억 마일을 돌아 정해진 순간에, 동지점까지 1초의 오차도 없이, 아니 백만분의 1초의 오차도 없이, 오랜 세월 그 험난한 길을 달려온 숭고한 정확성에 주목하라." • 에드워드 에버렛

"우리 운명의 실타래가 얼마나 기묘하게 돌아가는지 누가 보지 않을 수 있을까? 유리한 순간은 잠깐만 주어진다. 우리는 그것을 놓치고, 몇 달, 몇 년을 잃어버린다."

무언가를 하기 위해 이리저리 돌아다니며 길을 찾는 삶을 살다 보면 인생의 마지막에 막다른 골목에 이르게 될 것이다. • 세르반테스

"배회하면서 오늘을 잃어버리면 내일도 같은 이야기가 될 것이고 다음에는 더 확장될 것이다."

> 꼭대기까지 계속 가서 순간을 잡자. • 셰익스피어

"급함, 우편물 배달, 지급(至急)! 목숨을 걸고 서둘러라!"라는 글귀는 영국 헨리 8세 시대 우편물에 종종 쓰였는데, 이 글귀에는 배달원이 교수대에 매달려 있는 그림도 함께 있었다. 우체국이라는 것도 없었다. 정부 우편물 배달원이 편지를 배달할 때 길에서 지체하면 교수형에 처해질 수 있었다.

지금은 몇 시간이면 갈 수 있는 거리를 한 달 동안 위험하게 가야 했던 마차 시대에도 불필요한 지체는 범죄였다. 문명이 이룩한 가장 큰 성과 중 하나는 시간을 측정하고 활용하는 것이다. 우리는 100년 전 20시간이 걸리던 일을 오늘날 한 시간 만에 해낼 수 있다.

"지연에는 위험한 결말이 있다." 카이사르는 원로원 의사당에 도착했을 때 메시지를 읽는 것을 늦추어 목숨을 잃었다. 트렌턴의 헤센군 사령관 랄 대령은 카드 게임을 하고 있었는데, 전령이 워싱턴이 델라웨어강을 건너고 있다는 편지를 가져왔다. 그는 게임이 끝날 때까지 편지를 읽지 않고 주머니에 넣어두다가, 부하들을 소집했을 때는 할 수 있는 게 없어 그의 군대가 포로로 잡히기 직전에 죽고 말았다. 단 몇 분의 지연이었지만 그는 명예와 자유, 생명을 잃었다!

성공은 시간 엄수와 정확성이라는 두 가지의 매우 평범한 부모가 만든 자식이다. 모든 성공적인 삶에는 지체하거나 주춤하면 모든 것을 잃게 되는 중요한 순간이 있다.

1861년 5월 3일 매사추세츠 주지사 앤드루는 링컨 대통령에게 보낸 편지에서 "대통령님의 포고문을 받자마자 우리는 전쟁을 시작했고, 우리가 믿기로 행정부와 미국 국민이 의도하는 정신, 즉 이 세상에 단 한 치의 관료적 요식행위도 없는 것처럼 행동하겠다는 정신으로 전쟁을 수행해 왔습니다"라고 썼다. 그는 4월 15일 월요일, 워싱턴으로 군대를 보내라는 전보를 받았고, 다음 일요일 9시에 이렇게 답신했다. "매사추세츠에 요청하신 모든 연대는 이미 워싱턴이나 먼로 요새에 있거나 국회의사당 방어를 위해 이동 중입니다."

그는 "제가 즐겁게 할 수 있는 유일한 질문은 '무엇을 해야 하는가'이며, 그 질문에 대한 답이 나오면 다른 질문은 '그다음에는 무엇을 해야 하는가'입니다"라고 말했다.

러스킨은 "젊을 때의 모든 기간은 본질적으로 형성, 교화, 교육의 시간이다. 이 시기는 단 한 시간도 운명에 떨지 않은 적이 없다. 한 번 지나가면 다시는 정해진 일을 할 수 없거나, 차갑게 식어버린 철에 가하는 담금질처럼 아무 의미 없는 순간이 되어버린다"라고 말했다.

나폴레옹은 모든 전투에서 발생하는 "최고의 순간", 즉 "찰나의 순간"을 잘 활용하면 승리를, 망설이면 패하여 재앙을 초래한다는 점을 매우 강조했다. 그는 오스트리아군이 5분의 가치를 몰랐기 때문에 그들을 이겼다고 말했다. 워털루 전투에서 그를 패배로 이끈 사소한 일들 가운데 가장 결정적인 것은 그와 그루시가 그 치명적인 아침에 몇 분을 허비한 것이라고 한다. 블뤼허는 정시에 도착했고, 그루시는 늦었다. 그 몇 분은 나폴레옹을 세인트 헬레나로 보내고 수백만 명의 운명을 바꾸기에 충분했다.*

"언제든 할 수 있다고 하는 일은 영원히 할 수 없다"는 거의 격언의 존엄이라고 할 정도까지 높아진 진리이다.

런던의 아프리카 협회는 여행가인 레드야드를 아프리카로 보내기로 해 언제쯤 떠날 준비가 되는지 물었다. "내일 아침"이라는 대답이 돌아왔다. 훗날 세인트 빈센트 백작이 된 존 저비스는 언제 배에 승선할 수 있느냐는 질문에 "바로"라고 대답했다. 인도 육군 사령관으로 임명된 콜린 캠벨은 언제 출항할 수 있느냐는 질문에 주저 없이 "내일"이라고 대답했다.

오늘 해야 할 일을 내일로 미루는 데 낭비되는 에너지로 종종 그 일을 할 수 있었다. 미룬 일을 하는 것이 얼마나 더 힘들고 불쾌한 일인가! 당시에는 즐겁고 심지어 열정을 가지고 했을 일이 며칠 또는 몇 주 미뤄지면 고된 일이 된다. 편지는 처음 받았을 때 가장 쉽게 답장할 수 있다.

---

* 워털루 전투는 영국-프로이센 연합군과 프랑스 간의 전투였다. 프로이센의 블뤼허는 정시에 도착해 웰링턴을 도왔고, 프랑스의 그루시는 늦었다. 이 워털루 전투의 패배로 나폴레옹은 세인트 헬레나 섬으로 유배되어 거기서 6년간 살다가 죽었다.

많은 대기업에서 편지를 밤을 넘기지 않고 답장하는 것을 원칙으로 삼고 있다.

시간 엄수는 업무에서 고역을 없앤다. 미루는 것은 보통 그만두는 것을 의미하며, 해야 할 일을 하지 않는 것이 된다. 행동을 하는 것은 씨앗을 뿌리는 것과 같아서 제때 하지 않으면 제철을 영원히 놓치게 된다. 영원의 여름은 지연된 행동의 열매를 익게 하기에는 충분히 길지 않을 것이다. 별이나 행성이 1초라도 늦어지면 우주 전체가 조화를 잃을 수도 있다.

마리아 에지워스는 "현재와 같은 순간은 없다"라고 말했다. "그럴 뿐만 아니라, 순간이란 전혀 없으며, 순간적인 힘과 에너지도 없다. 현재만 있을 뿐이다. 결심이 막 떠오를 때 실행에 옮기지 않는 사람은 그 결심 후에도 아무런 희망을 가질 수 없다. 그 결심은 세상의 급박함과 분주함 속에서 사라지거나 나태함의 늪에 빠져 허우적거리게 될 것이다."

코빗은 자신의 성공이 타고난 능력을 모두 합친 것보다 "항상 준비된" 덕분이라고 말했다. 그는 "이러한 자질 덕분에 군대에서 특별 진급을 할 수 있었다"라고 말했다. "10시에 보초를 서야 한다면 9시에 준비되어 있었기 때문에 그 어떤 사람도, 그 어떤 것도 나를 1분도 기다리지 않았다."

어떤 사람이 월터 롤리 경에게 "어떻게 그렇게 짧은 시간에 그렇게 많은 것을 성취할 수 있었습니까?"라고 물었다. "할 일이 생기면 바로 실행에 옮겼지요"라고 대답했다. 가끔 실수하더라도 즉각 행동하는 사람은 판단력이 더 좋을지라도 미루는 사람이 실패할 때 성공할 것이다.

프랑스의 한 정치가는 어떻게 그렇게 많은 일을 해내면서 동시에 사회적 의무를 다할 수 있었느냐는 질문에 "오늘 해야 할 일을 내일로 미루지 않는 것"이라고 대답했다. 한 실패한 공직자는 "내일로 미룰 수 있는 일을 절대 오늘 하지 않는다"라는 격언을 남기며 이 과정을 거꾸로 이용했다고 한다. 얼마나 많은 사람이 꾸물거리느라 자신의 성공을 날려버리고 동료와 친척이 한 번에 5분씩 그 성공을 훔쳐 가도록 내버려 두었는가!

"내일이라고 했나요?" 코튼이 물었다. "가라 … 듣지 않겠다. 내일! 그것은 당신의 풍요에 형벌을 내리고, 당신의 준비된 현금을 가져다가 바보들의 화폐인 소원, 희망, 약속 외에는 아무것도 쓰지 않는 영악한 녀석이다. 내일! 그것은 시간의 오래된 기록 어디에서도 찾을 수 없는, 어쩌면 바보의 달력에나 있을 법한 것이다. 지혜는 그 단어를 부정하며, 그것을 인정하는 자들과 교류하지 않는다. 공상이 그의 자식이고 어리석음이 그의 아비이며, 꿈과 같은 것들로 만들어졌고 밤의 환상처럼 근거가 없다." 얼마나 많은 사람이 성공으로 가는 길에서 좌절하며 이렇게 말했던가? "나는 내일을 추구하며, 내일에는 나를 위해 엄청난 이익이나 다른 것들이 준비되어 있다는 확신을 가지고 평생을 보냈다."

"그러나 그의 결심은 흔들리지 않았다." 찰스 리드는 채무 불이행자 노아 스키너의 이야기에서 이렇게 전한다. 그는 빚을 갚기로 결심한 후 졸음이 밀려와 나른해져 꼼짝하지 않았다. "결국 깊은 졸음에서 깨어나 언제나 그렇듯이 청구서를 보면서 '아이고 머리야, 정말 골치 아프네!'라고 중얼거렸다. 그러나 그는 지금 참회하는 결심으로 가득 찬 자신을 깨우며 '내일 … 펨브로크 … 거리로 가서 해결할 것이다. 내…일'이라고 다시 뚝뚝 부러지는 말로 중얼거렸다. 내일이 되자 죽어 있는 그를 형사들이 발견했다."

"내일"은 악마의 좌우명이다. 모든 역사는 내일의 눈부신 희생자인 반쯤 끝난 계획과 실행되지 않은 결의의 잔해로 뒤덮여 있다. 내일은 나태와 무능이 가장 좋아하는 피난처이다.

"쇠가 뜨겁게 달궈졌을 때 메질하라"와 "햇빛이 비칠 때 건초를 만들라"는 황금 격언이다.

게으름이 시작되는 시간을 알아차리는 사람은 거의 없다. 어떤 사람은 저녁 식사 후, 어떤 사람은 점심 식사 후, 어떤 사람은 저녁 7시 이후에 게으름이 공격한다. 모든 사람의 삶에는 하루를 절약하려면 낭비하지 말고 활용해야 하는 결정적인 시간이 있다. 대부분의 사람에게 이른 아침 시간은 하루의 성공 여부를 가늠하는 시험대가 된다.

어떤 사람이 헨리 앞에서 마옌의 기술과 용기를 극찬한 적이 있다. 헨리는 "그 말이 맞아요. 그는 훌륭한 선장이지만, 저는 항상 그보다 5시간 먼저 시작하죠"라고 말했다. 헨리는 새벽 4시에, 마옌은 10시에 일어났다. 이것이 두 사람의 모든 차이를 만들었다. 우유부단함은 병이 되고 미루는 습관은 그 전조이다. 우유부단함의 피해자를 위해 알려진 치료법은 단 하나, 신속한 결정뿐이다. 그렇게 하지 않으면 그 병은 모든 성공이나 성취에 치명적이다. 지체하는 사람은 길을 잃는다.

한 저명한 작가는 침대가 역설의 묶음이라고 말한다. 우리는 마지못해 침대에 가지만 아쉬워하며 그만둔다. 우리는 매일 밤 아침에 일찍 일어나기로 결심하고 침대로 가지만, 매일 아침 우리는 늦게까지 자려고 몸을 붙들어 맨다.

그러나 저명인사가 된 사람들은 대부분 일찍 일어났다. 표트르 대제 1세는 항상 동이 트기 전에 일어났다. "나는 가능한 한 오래 살기 위해, 따라서 가능한 한 적게 자기 위해 그렇게 한다"라고 그는 말했다. 알프레드 대제는 동트기 전에 일어났다. 콜럼버스는 이른 새벽에 아메리카 대륙으로의 항해를 계획했고, 나폴레옹은 위대한 원정 작전을 계획했다. 코페르니쿠스도 고대 및 현대의 유명한 천문학자 대부분과 마찬가지로 일찍 일어났다. 브라이언트는 새벽 5시에, 뱅크로프트는 새벽에, 그리고 거의 모든 주요 저술가가 새벽에 일어났다. 워싱턴, 제퍼슨, 웹스터, 클레이, 캘훈도 모두 일찍 일어났다.

대니얼 웹스터는 아침 식사 전에 20~30통의 편지에 답장을 보내곤

했다.

월터 스콧은 시간을 매우 잘 지키는 사람이었다. 이것이 그의 엄청난 업적의 비결이었다. 그는 5시에 일어났다. 아침 식사 시간이 되면 그의 말대로 하루 일을 대부분 끝냈다. 어떤 상황에 처해 조언을 구하는 한 청년에게 편지를 쓰면서 그는 이렇게 조언했다. "시간을 온전히 활용하지 못하게 만드는 성향, 즉 '게으름'이라고 부르는 성향에 걸려 넘어지지 않도록 조심하세요. 해야 할 일은 즉시 처리하고, 여가는 업무가 끝난 후에 가져야지, 그 전에 가져서는 절대 안 됩니다."

일찍 일어나는 습관의 가치에 대해서는 아무리 강조해도 지나치지 않는다. 8시간이면 누구에게나 충분한 수면이다. 많은 경우 7시간도 충분하다. 침대에서 8시간을 보낸 후에, 능력 있는 사람이라면 그가 할 일은, 일어나서 빨리 옷을 입고 출근하는 것이다.

해밀턴은 "우리 친구 중 몇 명에게 단 하나의 불행이 일어났다"라고 말했다. "하느님께서 그들을 존재하게 하신 순간부터, 하느님은 그들에게 할 일을 주셨고 시간도 주셨기 때문에, 적절한 순간에 시작하고 충분한 활력으로 일하면 그들은 적시에 일을 끝낼 수 있었다. 그러나 수년 전에 그들에게 이상한 불행이 닥쳤다. 그들에게 할당된 시간의 일부가 사라진 것이다. 그들이 어떻게 해서 그렇게 되었는지 모르지만, 사라진 것은 분명하다. 두 개의 줄자를 나란히 놓으면 한 줄이 다른 줄보다 1인치 짧은 것처럼, 그들의 시간과 일은 평행하게 가지만 일이 항상 시간보다 10분 앞선다. 그들은 규칙적이지 않다. 그들은 여유 있게 하는 법이 없다. 그들은 우편이 마감된 직후에 편지를 부친다. 그들은 증기선이 떠나는 시간에 맞춰 부두에 도착하고, 역 문이 닫힐 때 정확히 터미널에 도착한다. 그들은 어떤 약속도 어기거나 의무를 소홀히 하지 않지만, 체계적으로 너무 늦게, 일반적으로 그 치명적인 간격만큼 늦게 일을 처리한다."

누군가는 "시간 엄수는 전염성 있는 영감"이라고 말했다. 그것이 영감이든 습득이든, 시간 엄수는 문명의 실질적 덕목의 하나이다.

결혼 관계만큼이나 신성한 것이 하나 있는데, 그것은 바로 약속이다. 정당한 이유 없이 약속을 지키지 않는 사람은 사실상 거짓말쟁이이며, 세상은 그를 그렇게 취급한다.

호레이스 그릴리는 "다른 사람의 시간을 존중하지 않는 사람이 다른 사람의 돈도 존중해야 할 이유가 있을까?"라고 말했다. "사람의 시간을 빼앗는 것과 그의 5달러를 빼앗는 것의 차이점은 무엇인가? 한 시간의 업무 시간이 5달러 이상의 가치가 있는 사람이 많다"라고 말했다.

워싱턴 대통령이 4시에 저녁 식사를 할 때, 백악관 식사에 초대받은 초선 의원들이 종종 늦게 도착했고, 대통령이 식사하는 모습을 보고 크게 당황하곤 했다. 그때마다 워싱턴은 "내 요리사는 손님이 도착했는지 묻지 않고 시간이 되었는지만 묻는다"라고 말하곤 했다.

비서가 자기 시계가 너무 느려서 그랬다고 지각에 대해 변명하자 워싱턴은 "그럼 새 시계를 사야겠군. 아니면 내가 다른 비서를 구하든가"라고 대답했다.

프랭클린은 항상 지각하지만 변명하는 하인에게 "나는 일반적으로 변명을 잘하는 사람은 다른 어떤 것도 잘하지 못한다는 것을 발견했다"라고 말했다.

나폴레옹은 한번은 장군들을 초대해 함께 식사하려고 했지만, 약속한 시간에 장군들이 도착하지 않자 혼자 식사를 시작했다. 그가 식탁에서 일어나자마자 장군들이 들어왔다. "제군들, 이제 저녁 식사가 끝났으니 곧바로 업무를 시작하겠다"라고 그는 말했다.

블뤼허는 생전에 가장 시간을 잘 지키는 사람 중 한 명이었다. 그는 "마셜 포워드(Marshal Forward)"라고 불렸다.

존 퀸시 애덤스는 시간에 늦는 법이 없었다. 하원의장은 애덤스 의원이 자기 자리로 오는 것을 보고 언제 하원을 소집해야 하는지 알 수 있었다. 한 의원이 시작할 시간이 되었다고 말하자 다른 의원이 말했다. "아니요." 다른 의원이 "애덤스 씨가 자리에 없다"라고 말했다. 시계는 3분이나 빨랐고, 바로 그 순간 애덤스 씨가 도착했다.

웹스터는 학교나 대학에서 암송 시간에 늦은 적이 없었다. 법정에서,

의회에서, 사회에서 그는 똑같이 시간을 잘 지켰다. 유난히 바쁜 일상에서도 호레이스 그릴리는 모든 약속에 시간을 지킬 수 있었다. 어떤 회의에 지각하는 한가한 사람들을 기다리던 그 편집자는 〈트리뷴〉에 실을 정곡을 찌르는 단락을 여러 개 작성하였다.

간결함이 위트의 영혼인 것처럼 시간 엄수는 비즈니스의 영혼이다.

아모스 로런스는 상인 경력의 첫 7년 동안 일요일에 청구서가 미결된 채로 방치되는 것을 용납하지 않았다. 시간 엄수는 군주의 예의라는 말이 있다. 어떤 사람은 항상 다급하며 기차 시간에 늦는다는 인상을 준다. 그들은 방법이 부족하고 많은 것을 성취하지 못한다. 모든 사업가는 몇 년의 운명을 좌우하는 순간이 있다는 것을 안다. 은행에 조금만 늦게 도착해도 당신의 서류가 이의를 받아 신용이 손상될 수 있다.

학교와 대학 생활의 가장 좋은 점의 하나는 등교 시간, 암송 시간, 또는 강의 시간 등을 알리는 종소리가 시간 엄수의 습관을 가르친다는 것이다. 모든 젊은이는 시간이 정확히 맞는 시계를 하나씩 갖고 있어야 한다. 거의 맞는 시계는 나쁜 습관을 조장하며, 그것은 돈이 얼마나 들든 값을 크게 치러야 한다.

"오, 항상 시간을 지키는 소년이 얼마나 고마운지!" H. C. 브라운이 말한다. "얼마나 빨리 그에게 의지하게 되는지, 얼마나 빨리 그에게 더 중요한 일을 맡기게 되는지! 시간 엄수로 명성을 얻은 소년은 몇 년 후 그의 성공을 확실하게 만드는 자본에 가장 큰 기여를 했다."

시간 엄수는 신뢰의 어머니이며 신용을 준다. 자신의 업무가 잘 정돈되고 수행되고 있다는 가장 좋은 증거이며, 다른 사람에게 능력에 대한 확신을 준다. 시간을 잘 지키는 사람은 원칙적으로 약속을 지키며 신뢰할 수 있다.

차장의 시계가 늦어 끔찍한 철도 충돌 사고가 발생한다. 거대한 자산을 보유한 선도적인 회사가 단순히 직원이 자금을 늦게 송금했기 때문에 파산한다. 사형 집행 유예를 알리는 전령이 5분 늦게 도착하는 바람에 무고한 남자가 교수형에 처해진다. 한 남자가 사소한 이야기를 듣기 위해 5분간 멈춰 서는 바람에 기차나 증기선을 1분 놓쳤다.

그랜트는 섬터 함락 소식을 듣자마자 입대를 결심했다. 버크너가 도넬슨 요새에 있는 그에게 휴전 깃발을 보내며 항복 조건을 검토할 위원을 임명하자고 요청하자 그가 즉각 대답했다. "무조건적이고 즉각적인 항복 외에는 어떤 조건도 받아들일 수 없다. 나는 당신이 할 일에 즉시 착수할 것을 제안한다." 버크너는 상황 때문에 "당신이 제안하는 관대하지 않으면서도 비열한 조건을 받아들일 수밖에 없다"라고 대답했다.

나폴레옹처럼 가장 중요한 것을 즉시 포착하고 다른 것은 희생할 수 있는 사람이 반드시 승리한다.

많은 낭비된 인생이 잃어버린 5분에서 파멸을 맞이했다. 실패한 많은 사람의 묘비에는 "너무 늦었다"라는 문구가 쓰여 있다. 단 몇 분이 승리와 패배, 성공과 실패를 가르는 경우가 많다.

10장

좋은 외모

네 옷차림은 단정하되 값비싸지 않게 하라.　　　　　　　　• 존 릴리

네 지갑이 허락하는 범위 내에서 고급스러운 취향을 유지하되,
너무 요란하게 치장하지는 마라. 부유하되 천박해서는 안 되지.
옷은 종종 그 사람이 누구인지를 나타내거든.　　　　　　• 셰익스피어

나는 그 신사가 아무도 눈여겨보지 않는 최고의 옷차림을 한 사람이라고 생각한다.　　　　　　　　　　　　　　　　　　• 앤서니 트롤럽

일반적으로 옷차림이 단정한 사람은 마음가짐도 단정하다.　• H. W. 쇼

　좋은 외모에는 두 가지 주요 요소가 있다. 몸의 청결과 옷차림의 멋스러움. 일반적으로 이것은 함께 진행되며, 옷차림의 단정함은 그 사람의 위생 관리를 나타낸다. 그에 비해 외적인 조잡함은 아마도 몸을 덮고 있

는 옷보다 더 깊은 곳에 있는 외모에 대한 부주의를 암시한다.

우리는 무엇보다도 몸으로 자신을 표현한다. 몸의 외부 상태는 내부의 상징으로 받아들여진다. 그것이 순전히 방치되거나 무관심하여 사랑스럽지 않거나 혐오스럽다면, 우리는 마음이 그것과 일치한다고 결론을 내린다. 원칙적으로 결론은 하나이다. 높은 이상과 강하고 깨끗하고 건전한 삶과 일은 낮은 수준의 개인 청결과 양립할 수 없다. 목욕을 소홀히 하는 청년은 마음을 소홀히 할 것이며, 모든 면에서 빠르게 나빠질 것이다. 외모를 세심하게 돌보는 것을 그만두는 젊은 여성은 곧 기쁘지 않을 것이다. 그녀는 야망 없는 몸가짐이 깔끔하지 못한 여자로 떨어질 때까지 조금씩 넘어질 것이다.

탈무드가 청결을 경건함 옆에 두는 것은 놀랄 일이 아니다. 나는 절대적 청결이 경건이라고 믿기 때문에 그것을 더 가까이 둔다. 영혼과 육체의 청결 또는 순결은 인간을 가장 높은 곳으로 끌어올린다. 이것이 없으면 그는 짐승에 불과하다.

미려하고 강하고 깨끗한 체격과 성격 사이에는 밀접한 관련이 있다. 하나에 대해 부주의한 사람은 자기도 모르는 사이에 다른 하나에서 떨어질 것이다.

청결의 법칙을 지키는 데에는 미적 또는 도덕적 고려 사항만큼이나 자기 이익의 태도가 크게 작용한다. 우리는 매일 이 법칙을 지키지 않아

"불이익"을 받는 사람들을 본다. 유능한 속기사가 손톱을 청결하게 관리하지 않아서 직위를 상실한 사례가 기억에 남는다. 내가 아는 한 정직하고 똑똑한 남성은 면도와 양치질에 부주의해서 대형 출판사에서 자리를 잃었다. 얼마 전 한 여성이 리본을 사러 가게에 들어갔다가 판매원의 손을 보고 마음을 바꿔 다른 곳에서 구매했다고 한다. "예쁜 리본을 그렇게 더러운 손가락으로 다루면 상쾌함을 잃지 않을 수 없다"라고 그녀는 말했다. 그 소녀의 고용주가 그녀가 그의 사업을 발전시키지 않는다는 사실을 알게 될 때까지는 그리 오래 걸리지 않을 것이며, 그때는 그 법칙이 냉혹하게 작동할 것이다.

좋은 외모를 만들기 위해 강조해야 할 첫 번째 요점은 목욕을 자주 하는 것이다. 매일 목욕을 하면 깨끗하고 건강한 피부를 유지할 수 있으며 이는 곧 건강으로 이어진다.

목욕 다음으로 중요한 것은 머리카락, 손, 치아를 적절하게 관리하는 것이다. 이것은 약간의 시간과 비누와 물만 사용하면 된다.

물론 머리카락은 매일 정기적으로 빗질하고 손질해야 한다. 태생적으로 지성인 경우에는 믿을 만한 좋은 두피 비누와 따뜻한 물로 2주마다 철저히 씻어야 하며, 물에는 극소량의 암모니아를 첨가할 수 있다.* 모

---

* 암모니아를 두피에 사용하는 것은 위험하다. 이 책이 쓰인 시기에는 관련 지식이 부족했기 때문에 두피 관리에 암모니아를 사용하는 경우가 있었다. 이것은 현대에 맞지 않는다. 적절한 샴푸를 사용하는 것이 올바르다.

발이 건조하거나 유분이 부족한 경우 한 달에 한 번 이상 씻어서는 안 되며 암모니아를 생략할 수 있다. 매니큐어 세트는 저렴하기 때문에 거의 모든 사람이 구입할 수 있다. 만약 전체 세트를 살 여유가 없다면 낱개로 구입해(10센트 정도 저렴하게 구입할 수 있음) 손톱을 매끄럽고 깨끗하게 유지할 수 있다. 치아를 좋은 상태로 유지하는 것은 매우 간단한 문제이지만, 다른 어떤 것보다 이 특정 청결 지점에서 많은 사람이 잘못을 범하는 것 같다. 나는, 옷을 잘 입고 외모에 상당한 자부심이 있는 것처럼 보이지만 치아를 소홀히 하는 젊은 남성과 여성을 알고 있다. 그들은 더럽거나 썩은 치아, 또는 앞니 한두 개가 없는 것이 외모에 더 큰 오점이 될 수 있다는 사실을 깨닫지 못한다. 남성이나 여성에게 구취보다 더 불쾌한 것은 없으며, 치아를 이렇게 방치한다면 누구나 예외 없이 이러한 결과를 얻는다. 우리는 입냄새가 나는 사람 옆에 있는 것이 얼마나 불쾌한지 알고 있다. 그것은 확실히 역겨운 일이다. 어떤 고용주도 사무원, 속기사 또는 기타 직원이 공기를 오염시키는 것을 원하지 않는다. 또한 앞니가 하나 또는 두 개가 없어 외모가 흐트러진 사람도 원하지 않는다. 많은 지원자가 치아 불량으로 인해 원하는 직책을 거부당한다.

세상에서 자신의 길을 가야 하는 사람에게 옷차림에 관한 최고의 조언은 "옷차림은 단정하되 값비싸지 않게 하라"라는 짧은 문장으로 요약할 수 있다. 단정한 옷차림은 가장 큰 매력이며, 요즘처럼 세련되면서도 저렴한 옷감이 무궁무진한 시대에는 대부분의 사람이 옷을 잘 입을 수 있는 여유가 있다. 그러나 좋은 옷을 입을 형편이 되지 않을지라도 허름

한 정장 때문에 얼굴을 붉힐 필요는 없다. 자신이 직접 구입한 낡은 코트를 입는 것이 그렇지 않은 사람보다 자신과 다른 사람에게 더 존경을 받을 것이다. 세상이 눈살을 찌푸리는 것은 피할 수 없는 초라함이 아니라 피할 수 있는 초라함이다. 아무리 가난해도 더러운 코트, 구겨진 옷깃, 진흙투성이 신발을 신는 것은 용서받을 수 없다. 자신의 형편에 맞게 옷을 입었다면 아무리 가난해도 적절한 옷차림이다. 가능한 한 최상의 외모를 만들고, 항상 꼼꼼하고 단정하고 깨끗하며, 어떤 대가를 치르더라도 자존심과 성실성을 유지하려는 의식은 가장 불리한 상황에서도 당신을 지탱해줄 것이며, 다른 사람의 존경과 찬사를 받을 수 있는 품위와 힘, 사람을 끌어당기는 매력을 가져다줄 것이다.

롱아일랜드 철도의 기관사에서 단기간에 뉴욕시의 모든 지상 철도를 관할하는 사장직에 오른 허버트 H. 브릴랜드는 이 주제에 관한 실질적인 권위자라고 할 수 있다. 그는 성공하는 방법에 대한 연설에서 다음과 같이 말했다.

"옷이 사람을 만들지는 못하지만, 좋은 옷은 많은 사람에게 좋은 직업을 가져다준다. 만약 25달러가 있고 일자리를 원한다면, 낡은 양복 주머니에 돈을 넣고 가는 것보다 옷 한 벌에 20달러, 신발에 4달러, 나머지는 면도, 이발, 깨끗한 옷깃에 투자하고 그 장소로 걸어가는 것이 낫다"라고 말했다.

대부분의 대기업에서 지저분해 보이거나, 옷차림이 단정치 못하거나,

존 워너메이커*

외모가 좋지 않은 사람은 입사 지원 시 채용하지 않는 것을 원칙으로 삼고 있다. 시카고의 한 대형 소매점에서 판매 직원을 채용하는 일을 총괄하는 어떤 사람은 이렇게 말한다.

"모든 경우에서 지원 규칙을 엄격하게 준수하지만, 지원자의 채용 여

---

* John Wanamaker(1838~1922): 미국 워너메이커 백화점의 창립자. 사업가. 우정장관을 지내기도 했다.

부를 결정하는 가장 중요한 요소는 그의 개성이다."

어떤 지원자가 많은 장점과 능력을 가지고 있다고 해서 그가 외무에 부주의할 이유는 없다. 자리를 얻는 일부 사람들의 반짝반짝 빛나는 유리보다 무한히 더 큰 가치를 지닌 다이아몬드 원석이 때로 거절될 수 있다. 좋은 외모가 자리를 확보하는 데 도움이 된 지원자는 종종 거절당한 지원자에 비해 매우 피상적일 수 있으며 장점의 절반도 없을 수 있다. 하지만 일단 자리를 확보하면 거절당한 소년 또는 소녀의 능력의 절반밖에 없을지라도 그 자리를 유지할 수 있다.

미국의 고용주에게 적용되는 것과 동일한 규칙이 영국에서도 적용된다는 것은 〈런던 드레이퍼스 레코드〉에 의해 입증된다. 다음과 같이 기록되어 있다.

"개인 청결과 복장의 단정함이 특별히 눈에 띄는 곳에서는 업무 마무리에 대한 특별한 주의도 거의 항상 발견된다. 개인 습관이 지저분한 사람은 일의 결과물도 지저분하고, 자기 외모에 신경을 쓰는 사람은 결과물의 외관에도 똑같이 신경을 쓴다. 아마도 작업실의 진실은 카운터 뒤의 영역에서도 똑같이 사실일 것이다. 똑똑한 판매원은 일반적으로 복장에 대해 다소 까다롭다. 그는 거무칙칙한 칼라, 너덜너덜 해어진 커프스, 색이 바랜 넥타이를 착용하는 것을 싫어하는 게 사실이지 않은가? 문제의 진실은, 개인 습관과 외모에 대한 특별한 주의는 원칙적으로 모든 종류의 조잡함에 적대적으로 대하는 특별한 경계심을 보여주는 것 같다."

성공하는 인생의 가장 큰 요소인 자존감을 유지하고자 하는 젊은 남녀는 "인격은 옷차림에 의해 다스려지기 때문에" 복장 문제를 소홀히 할 수 없다. 옷을 잘 입어야 한다는 의식이 있는 사람은 품위와 편안함을 추구하는 경향이 있다. 따라서 허름하거나 몸에 맞지 않거나 더러운 옷차림은 어색하고 제약이 따르며 품위와 중요성이 부족하다는 느낌을 준다. 새 옷을 입었을 때, 옷을 갈아입었을 때 느껴지는 느낌을 경험해본 사람이라면 누구나 알 수 있듯이, 옷은 우리의 감정과 자존감에 분명한 영향을 미친다. 불결하고 몸에 맞지 않거나 더러워진 옷은 도덕과 매너에 해롭다. 엘리자베스 스튜어트 펠프스는 "깨끗한 옷에 대한 의식은 그 자체로 깨끗한 양심에 버금가는 도덕적 힘의 원천이다. 잘 다려진 옷깃이나 새 장갑은 주름이나 찢어짐 때문에 발생하는 위기 상황에서 많은 사람을 구했다"라고 말한다.

잘 차려입은 남성과 여성을 구성하는 작은 디테일, 즉 완벽함의 중요성은 바라는 자리를 확보하지 못한 한 젊은 여성의 이야기를 통해 잘 설명된다. 우리 세대의 한 부유한 여성은 소녀들을 위한 산업학교를 설립하여 그들이 영어 교육을 받고 자립할 수 있도록 훈련시켰다. 그녀는 교감 선생이 필요했다. 학교 이사회가 한 젊은 여성을 재치, 지식, 완벽한 매너, 그리고 그 직책에 대한 전반적인 적합성을 이유로 최고의 찬사를 덧붙이며 추천했을 때, 그녀는 자신이 좋은 사람을 얻게 되어 운이 좋다고 생각했다. 그 젊은 여성은 학교 설립자로부터 즉시 초대를 받았다.

그녀는 필요한 모든 자격을 갖춘 것 같았다. 하지만 V 여사는 이유를 밝히지 않은 채 그 젊은 여성을 채용하지 않았다. 한참 지난 후, 그 유능한 교사와의 교류를 거부했던 그녀의 이해할 수 없는 행동의 이유를 묻는 친구의 질문에 그녀는 이렇게 대답했다. "그것은 사소한 일이었지만, 이집트 상형문자처럼 많은 의미가 담긴 사소한 일이었어. 그 젊은 여자는 멋지고 값비싼 옷을 입었지만 더럽고 찢어진 장갑과 신발 단추의 절반이 벗겨진 채로 나에게 왔어. 조잡한 여성은 어린 소녀에게 적합한 인도자가 아니야." 아마도 그 지원자는 복장의 작은 디테일이 중요하지 않다고 생각한 것만 제외하고 다른 모든 면에서 의심할 여지 없이 그 자리를 얻을 자격이 있었기 때문에 왜 그 자리를 얻지 못했는지 이해하지 못했을 것이다.

모든 관점에서 볼 때 옷을 잘 입는 것이 좋다. 어울리게 옷을 입고 있다는 인식은 정신의 강장제로 작용한다. 주변 환경에 영향을 받지 않을 만큼 강인하고 완벽한 태도를 갖춘 남성이나 여성은 거의 없다. 몸단장도 하지 않고 반쯤 입은 채로 누워 있으면, 아무도 만나고 싶지 않다는 생각에 어지럽힌 방에서 느긋하게 지내다 보면, 옷차림과 환경에 금방 휩쓸릴 수 있다. 당신의 마음은 몸처럼 엉성하고 나태해지며, 활동적이지 않게 될 것이다. 반면에 "우울"이 찾아왔을 때, 몸이 반쯤 아파서 일을 할 수 없을 때, 낡은 래퍼(wrapper)나 가운을 입고 집 안에 누워 있는 대신에 여유가 있다면 튀르키예식 목욕탕에 가서 좋은 목욕을 하고, 좋은 옷을 입고 마치 세련된 리셉션에 가는 것처럼 신중하게 몸단장을 하면 새로운 사람처럼 느껴질 것이다. 열에 아홉은 옷을 다 입기 전에

"우울"과 반쯤 아픈 느낌이 나쁜 꿈처럼 사라지고 인생에 대한 전반적인 관점이 바뀔 것이다.

옷차림의 중요성을 강조한다고 해서 1년에 양복점에서만 4천 달러를 쓰고 넥타이를 매는 데 몇 시간이 걸리곤 했던 영국 부호 보 브루멜처럼 하라는 뜻은 아니다. 옷에 대한 지나친 사랑은 옷을 완전히 무시하는 것보다 더 나쁘며, 옷을 너무 사랑해서 빚을 지거나, 옷을 인생의 가장 중요한 목표로 삼아 자신과 타인에 대한 신성한 의무를 소홀히 하거나, 보 브루멜처럼 깨어 있는 시간 대부분을 옷 연구에 바치는 사람은 옷에 대한 사랑이 지나치다고 생각한다. 하지만 우리 자신과 우리가 접촉하는 사람들에게 미치는 영향을 고려할 때, 우리의 지위가 요구하고 우리의 수단이 허용하는 대로 옷을 입는 것이 진정한 절약일 뿐 아니라 의무라고 주장한다.

많은 젊은 남녀가 "옷을 잘 입는다"라는 것이 반드시 비싼 옷을 입는다는 것을 의미한다고 하는 실수를 저지르며, 이러한 잘못된 생각 때문에 옷이 중요하지 않다고 생각하는 사람들만큼이나 큰 함정에 빠진다. 그들은 머리와 마음의 교양에 투자해야 할 시간을 몸단장을 연구하는 데 쓰고, 한정된 월급으로 어떻게 하면 패션 매장에 전시된 비싼 모자나 넥타이, 코트를 살 수 있을지 계획한다. 만약 탐나는 물건을 살 여유가 없다면 우스꽝스럽게 보이는 효과만 있는 값싸고 번쩍거리는 모조품을 구입한다. 이런 유형의 젊은 남성은 값싼 반지, 주홍색 넥타이, 넓은 체크무늬 옷을 입으며, 거의 항상 싸구려 자리를 차지한다. 칼라일이

"옷을 입는 사람, 즉 사업과 직업과 존재가 옷을 입는 것으로 이루어진 사람, 영혼과 정신과 인격과 지갑이 모두 한 가지 물건에 바쳐진 사람"이라고 묘사한 댄디(dandy)처럼, 그들은 옷을 입기 위해 살고 있으며 자기 교양에 전념하거나 더 높은 지위에 오르기 위해 자신을 맞출 시간이 없다.

과도하게 차려입은 젊은 여성은 과도하게 차려입은 젊은 남성의 여성일 뿐이다. 두 사람의 매너는 옷차림과 미묘한 연관성이 있는 것 같다. 그들은 시끄럽고 화려하며 저속하다. 그들의 옷차림은 단정치 못하고 어수선하게 옷을 입은 사람보다 훨씬 더 불쾌한 성격을 드러낸다. 세상은 셰익스피어가 말한 "옷은 그 사람이 누구인지를 나타낸다"라는 진리를 받아들이고 있으며, 남자와 여자 역시 스스로 거부할 수 없다고 생각하는 바로 그 옷 때문에 비난을 받는 경우가 많다. 언뜻 보기에 남성과 여성을 옷으로 판단하는 것은 성급하거나 피상적으로 보일 수 있지만, 경험에 따르면 일반적으로 옷은 착용자의 감각과 자존심을 측정하는 것이 맞다고 몇 번이고 증명되었다. 성공을 꿈꾸는 사람은 동반자를 고르는 것만큼이나 옷 선택에 신중해야 한다. "네가 함께 어울리는 사람들을 말해주면 네가 누구인지를 말해주겠다"라는 옛 격언은 평범한 철학자의 현명한 말과 상통한다. "한 여성이 일생 동안 입었던 옷을 모두 보여주면 그녀의 전기를 써 드리겠다."

시드니 스미스는 "소녀에게 아름다움은 가치가 없다고, 옷은 쓸모가 없다고 가르치는 것이 얼마나 어리석은 일인가?"라고 말한다. "아름다움은 가치가 있다. 그녀의 인생의 모든 전망과 행복은 종종 새 드레스나 보넷에 달려 있을 수 있다. 그녀가 온전한 상식이 있다면 이것을 알 것이다. 중요한 것은 그녀에게 올바른 가치를 가르치는 것이다."

옷이 사람을 만드는 것은 아니지만, 옷이 사람의 삶에 미치는 영향은 우리가 생각하는 것보다 훨씬 더 크다. 프렌티스 멀퍼드는 의복이 인류의 정신화를 위한 하나의 길이라고 선언한다. 옷이 개인의 청결을 유도하는 데 어떤 영향을 미치는지 생각할 때 이것은 사치스러운 말이 아니다. 예를 들어, 어떤 여성이 낡고 더러운 래퍼를 입으면 머리카락이 꾀죄죄한지 아니면 머리카락이 컬링 페이퍼 안에 있는지 무관심하게 만드는 효과가 있다. 얼굴이나 손이 깨끗한지, 어떤 신발을 신을지 중요하게 생각하지 않는다. 그저 "무엇이든 이 낡은 래퍼와 어울리면 충분하다"라고 주장한다. 그녀의 걸음걸이, 태도, 감정의 일반적 경향은 어떤 방식으로든 낡은 래퍼에 의해 지배될 것이다. 그녀가 우아한 모슬린 옷으로 갈아입는다고 가정해 보라. 그녀의 외모와 행동이 얼마나 달라질까! 그녀의 머리카락은 옷과 어긋나지 않도록 정돈되어야 한다. 그녀의 얼굴과 손, 손톱은 그것들을 감싸고 있는 모슬린처럼 흠이 없어야 한다. 뒤축이 닳은 구두는 적당한 슬리퍼로 바꾼다.* 그녀의 마음은 새로운 통로를 따라 움직인다. 그녀는 낡고 더러운 래퍼를 입는 사람보다 새롭고 깨끗한 래퍼를 입는 사람을 훨씬 더 존중한다. "생각의 흐름을 바꾸시겠습니

---

* 19세기에서 20세기 초반에는 실내 사교모임에서 슬리퍼를 신기도 했다. 고급 소재를 사용해 공식적인 모임에도 충분히 어울리는 차림이었다.

까? 옷을 바꾸면 그 효과를 즉시 느낄 수 있습니다." 자연주의 철학자인 부폰 같은 위대한 권위자도 옷차림이 생각에 미치는 영향에 관해 증언한다. 그는 정장을 입지 않으면 좋은 생각을 할 수 없다고 선언했다. 그는 서재에 들어가기 전에 항상 정장을 입었고, 검도 차는 것을 빠뜨리지 않았다.

몸에 맞지 않거나 어울리지 않거나 초라한 옷차림은 자존심뿐만 아니라 편안함과 힘을 빼앗는 무언가가 있다. 좋은 옷은 매너를 편안하게 하고 말을 잘하게 만든다. 옷을 잘 입는다는 의식은 종교로도 얻을 수 없는 품위와 여유로움을 주는 반면, 열등한 옷차림은 종종 자신을 스스로 제한하는 것을 유도한다.

하느님은 적절한 옷차림을 좋아하신다고 우리는 느낄 수밖에 없다. 그분은 그분의 모든 작품에 아름다움과 영광의 옷을 입히셨다. 모든 꽃은 풍요로움을 입었고, 모든 들판은 아름다움의 망토 아래서 붉어지고, 모든 별은 밝게 빛나고 있고, 모든 새는 절묘한 취향의 옷을 입었다. 그리고 우리가 그분의 가장 위대한 작품에 아름다운 배경을 제공할 때 그분은 분명히 기뻐하신다.

11장

당신이 말을 잘할 수 있다면

찰스 W. 엘리엇은 하버드대학교 총장이었을 때 "나는 신사 숙녀를 위한 교육의 필수 부분으로 단 하나의 정신적 습득, 즉 모국어를 정확하고 세련되게 사용하는 것만을 인정한다"라고 말했다.

월터 스콧 경은 "좋은 대화가란 아이디어가 있고, 읽고 생각하고 듣는 사람, 즉 말할 무언가를 가지고 있는 사람"이라고 정의했다.

대화를 잘하는 능력만큼 좋은 인상을 줄 수 있는 것은 없다. 특별히 자기를 잘 모르는 사람에게 더욱 그렇다.

대화를 잘하고, 사람들의 관심을 끌고, 주의를 집중시키고, 우월한 대화 능력을 통해 자연스럽게 사람들을 끌어들일 수 있다는 것은 다른 사람보다 뛰어난 성취 능력의 소유자라는 뜻이다. 그것은 낯선 사람에게 좋은 인상을 남기는 데 도움이 될 뿐만 아니라 친구를 사귀고 유지하는 데도 도움이 된다. 상대의 마음의 문을 열고 그 마음을 부드럽게 한다. 모든 종류의 회사에서 당신에게 관심을 가진다. 세상에 적응하는 데 도움이 된다. 고객, 환자, 의뢰인을 확보할 수 있다. 가난하더라도 당신을 최고의 사교계로 이끈다.

말을 잘하고, 사물을 매력적으로 표현하는 기술을 가지고 있으며, 말의 힘으로 다른 사람의 관심을 즉시 끌 수 있는 사람은, 더 많이 알지만 쉽게 또는 웅변으로 자신을 표현하지 못하는 사람보다 매우 큰 이점을 가지고 있다.

다른 예술이나 업적에 아무리 전문가라 해도 대화에 능숙하지 못하면 언제 어디서나 그 전문성을 발휘할 수 없다. 음악가의 경우 아무리 재능이 뛰어나더라도, 자신의 전문 분야를 완성하기 위해 몇 년을 투자했더라도, 얼마나 큰 비용을 들였더라도, 자신의 음악을 듣거나 감상할 수 있는 사람은 상대적으로 적다.

훌륭한 가수라 할지라도 자신의 성취를 보여줄 기회도 없이, 자신의 특기를 알아주는 사람도 없이 전 세계를 여행할 수 있다. 하지만 어디를 가든, 어떤 사회에 있든, 인생에서 어떤 위치에 있든, 당신은 말은 한다.

당신이 화가이고 위대한 거장들과 수년을 함께 보냈을지 모르지만, 당신의 그림이 살롱이나 훌륭한 미술관에 걸려 있을 정도로 뛰어난 실력이 아니라면 비교적 적은 사람만이 당신의 그림을 볼 수 있다. 그러나 당신이 대화를 나누는 예술가라면, 당신과 접촉하는 사람은 당신이 말을 하기 시작한 후부터 그려온 당신의 인생 그림을 보게 될 것이다. 모두가 당신이 예술가인지 아니면 허풍쟁이인지 알 수 있다.

사실, 당신은 사람들이 가끔 보거나 즐기는 성취물을 많이 가지고 있고, 비교적 적은 사람만이 아는 매우 아름다운 집과 많은 재산을 가지고 있을 수 있다. 하지만 당신이 좋은 대화 상대라면 당신과 대화하는 사람은 누구나 당신의 기술과 매력이 주는 영향을 느낄 것이다.

사회 초년생의 사회 진출을 돕는 일에서 큰 성공을 거둔 저명한 사회 지도자는 제자들에게 항상 이런 조언을 한다. "말하라, 말하라. 무엇을 말하든 상관없다. 다만 가볍고 유쾌한 수다를 떨라. 여자를 즐겁게 해주어야 한다는 것만큼이나 평범한 남자를 무척이나 당황스럽고 지루하게 만드는 일은 없다."

이 조언에는 유용한 제안이 있다. 대화하는 법을 배우는 방법은, 대화하는 것이다. 사교에 익숙하지 않고 자신감이 없는 사람은 아무 말도 하지 않고 다른 사람의 말만 듣고 싶은 유혹에 빠진다.

말을 잘하는 사람은 사회에서 항상 인기가 있다. 말을 잘하기 때문에 모두가 소앤소 부인을 저녁 식사나 리셉션에 초대하고 싶어 한다. 그녀는 즐겁게 한다. 그녀는 많은 결점이 있을 수 있지만 사람들은 그녀가 말을 잘하기 때문에 그녀의 사회를 즐긴다.

사람을 교육하는 도구로써 대화를 사용한다면 엄청난 힘을 계발할 것이지만, 생각 없이, 명확하고 간결하게 또는 효율적으로 자신을 표현하려는 노력 없이, 단순한 수다나 잡담, 즉 평범한 사회 잡담은 결코 사람의 가장 좋은 점을 포착할 수 없다. 그런 피상적인 노력으로 포착하기에는 너무 깊이 숨어 있다.

더 빨리 발전하는 친구들을 부러워하는 수천 명의 젊은이가 경박하고 거품이 많고 무의미한 말만 하면서 귀중한 저녁과 반휴일을 낭비하고 있다. 그 말은 유머의 수준에 이르지 못한다. 피상적이고 무의미한 사고의 습관을 낳기 때문에 야망을 꺾고 이상과 삶의 기준을 낮추는 어리석은 것이다. 길거리, 차 안, 공공장소에서 가볍고 경솔하고 어설픈 말과 거친 속어가 시끄럽게 들린다. "헛소리하고 있네", "난들 알아?", "물론 그렇고말고", "더는 못 참겠어", "저 사람 정말 싫어, 짜증 나" 등 우리가 자주 듣는 저속한 말들이 많다.

대화만큼이나 사람에게 있는 교양의 우수함이나 저속함, 그 교양의 성장이나 부족함을 빠르게 나타내는 것은 없다. 그것은 삶의 모든 것을 말해줄 것이다. 당신이 말하는 내용과 말하는 방식은 당신의 감추어진 것을 모두 드러내 세상에 당신의 진정한 척도를 알려줄 것이다.

훌륭한 대화만큼 지속적이고 효과적으로 사용할 수 있는 성취가 없다. 그것은 친구들에게 즐거움을 줄 것이다. 언어의 재능은 우리 대다수가 지금까지 해왔던 것보다 훨씬 더 큰 성취를 이루기 위해 의도되었다는 것은 의심의 여지가 없다.

우리 대부분은 대화를 예술로 삼지 않기 때문에 대화에 서툴며, 말을 잘하는 법을 배우기 위해 수고와 고통을 감수하지 않는다. 우리는 충분히 읽거나 생각하지 않는다. 우리 대부분은 말하기 전에 생각하고 우아하고 쉽고 힘 있게 자신을 표현하기 위해 노력하기보다 그렇게 하지 않는 것이 훨씬 더 쉽기 때문에 엉성하고 조잡한 언어로 자신을 표현한다.

말을 못하는 사람들은 "말을 잘하는 사람은 타고나는 것이지 만들어지는 것이 아니다"라고 말하며 개선하려는 노력을 하지 않는다. 좋은 변호사, 의사, 상인은 타고나는 것이지 만들어지는 것이 아니라고 할 수도 있다. 하지만 이들 중 누구도 노력 없이는 오래갈 수 없을 것이다. 이것이 가치 있는 모든 성취의 대가이다.

사람의 출세는 많은 경우 대화를 잘하는 능력 때문이 크다. 대화에 사람의 관심을 끌고 붙잡아 두는 능력은 큰 힘이다. 무언가를 알고는 있지만 논리적이고 흥미롭고 단호한 언어로 표현하지 못하고 엉뚱하게 표현하는 사람은 항상 큰 불이익이 따른다.

내가 아는 한 사업가는 대화의 기술을 연마하여 그의 말을 듣는 것이 큰 기쁨이 될 정도이다. 그의 언어는 물 흐르듯이 흐르고 절제된 아름다움이 있으며, 그의 단어는 섬세함, 취향, 정확성 있게 선택되며, 그의 말투에는 그가 말하는 것을 듣는 사람을 매료시킬 정도로 세련미가 있다. 그는 평생 최고의 산문과 시를 즐겨 읽었으며, 대화를 하나의 예술로 발전시켜 왔다.

당신은 가난하고 인생에서 기회가 없다고 생각할 수 있다. 다른 사람에게 의존해야 하는 처지에 있고, 원하는 학교나 대학에 진학하거나 음악이나 미술을 공부할 수도 없으며, 열악한 환경에 묶여 있고, 꺾인 야망으로 괴로워할 수도 있지만, 모든 문장에서 최고의 표현 방식을 연습할 수 있기에 흥미로운 화자가 될 수 있다. 당신이 읽는 모든 책, 좋은 언어를 사용하는 모든 사람이 당신에게 도움이 될 수 있다.

자신을 어떻게 표현할 것인지에 대해 많이 생각하는 사람은 거의 없다. 그들은 가장 먼저 떠오르는 단어를 사용한다. 그들은 아름다움, 간결함, 투명성, 힘을 갖도록 문장을 구성하는 것을 생각하지 않는다. 단어의 배열이나 순서에 대한 생각 없이 입술에서 나선형 미끄럼틀을 타고 흘러나온다.

때때로 우리는 예술의 경지에 이른 대화자를 만나게 되는데, 그럴 때면 왜 우리 대부분이 대화에서 그렇게 엉뚱한 짓을 해야 하는지, 예술이 될 수 있는 소통 매체를 왜 엉망으로 만들어야 하는지 의문이 들 정도로 즐겁고 기분이 좋다.

나는 다른 예술이 상대적으로 중요하지 않게 느껴질 정도로 대화의 뛰어난 가능성을 엿보게 해준 사람을 지금까지 십여 명 만났다.

언젠가 보스턴에 있는 웬들 필립스의 집을 방문한 적이 있는데, 그의 목소리에서 나오는 음악성, 말의 흐름의 매력, 순수함, 어휘 선택의 투명성, 지식의 심오함, 성격의 매혹, 사물을 표현하는 놀라운 기술을 잊을 수 없다. 그는 나의 옆 소파에 앉아 오랜 학교 친구처럼 이야기를 나누었는데, 그렇게 정교하고 세련된 언어를 들어본 적이 없는 것 같았다. 나는 "말에 영혼이 깃들어 있어 대화하는 모든 사람을 매료시키는" 놀라운 힘을 가진 영국인을 여러 명 만났다.

메리 A. 리버모어 부인, 줄리아 워드 하우, 엘리자베스 S. P. 워드는 하버드대학교의 엘리엇 총장처럼 대화의 매력이 대단했다.

대화의 질이 무엇보다 중요하다. 우리는 좋은 언어를 사용하고, 유창하고 미려한 말투로 생각을 표현하며, 대화의 멋진 흐름으로 우리를 감동시키는 사람들을 알고 있지만, 그게 전부이다. 그들은 자기 생각으로 우리에게 감동을 주지 않고 행동하도록 자극하지 않는다. 우리는 그들의 말을 듣고 나서 세상에서 무언가를 하고 싶다는, 누군가가 되고 싶다는 결심을 하지 않는다.

우리는 말은 별로 하지 않을지라도 그 말이 너무 알차고 두뇌를 자극하는 힘이 있어, 우리에게 주입한 힘의 몇 배 이상으로 우리가 커졌다고 느끼게 하는 사람들을 알고 있다.

옛날에는 대화의 기술이 오늘날보다 훨씬 높은 수준에 도달했다. 악화는 현대 문명의 혁명 때문이다. 이전에는 사람들이 말 외에 자기 생각을 전달하는 방법이 거의 없었다. 모든 종류의 지식은 거의 전적으로 구어를 통해 전파되었다. 훌륭한 일간지나 잡지, 정기간행물도 없었다.

귀한 광물의 발견으로 생긴 엄청난 부, 발명으로 열린 새로운 세계, 야망에 대한 큰 자극이 이 모든 것을 바꾸어 놓았다. 모든 사람이 부와 지위를 얻기 위해 열광하는 이 번개처럼 빠른 시대에 우리는 더 이상 사려 깊게 생각하거나 대화의 힘을 키울 시간이 없다. 수천 달러를 들여 수집한 뉴스와 정보를 누구나 단돈 몇 센트로 얻을 수 있는 이 위대한 신문과 정기간행물의 시대에 모두가 아침 신문 뒤에 앉아 있거나 책이나 잡지 속에 파묻혀 있다. 더 이상 말로 생각을 전달할 필요가 없다.

웅변도 같은 이유로 사라져가는 예술이 되고 있다. 인쇄술이 너무 저렴해져 가난한 가정에서도 중세 시대의 왕과 귀족이 감당할 수 있던 것보다 더 많은 책을 몇 달러로 읽을 수 있게 되었다.

오늘날 세련된 대화가를 찾는 것은 드문 일이다. 유창한 언어를 구사하고 뛰어난 어휘를 사용하는 사람을 듣는 것은 정말 사치라고 할 정도이다.

그러나 좋은 독서는 생각의 폭을 넓히고 새로운 아이디어를 제공할 뿐만 아니라 어휘력을 향상시켜 대화에 큰 도움이 된다. 많은 사람이 좋은 생각과 아이디어를 가지고 있지만 어휘력이 부족하여 표현하지 못한다. 그들은 자기 생각에 옷을 입히고 매력적으로 만들기에 충분한 단어가 없다. 그들은 정확한 의미를 전달하기 위해 특정 단어를 원할 때 그것을 찾을 수 없기 때문에 원을 그리며 반복한다.

말을 잘하려는 야망이 있다면 잘 자라고 교양 있는 사람들의 사회에 가능한 한 많이 있어야 한다. 대학을 졸업했을지라도 스스로 은둔한다면 대화가 부족할 것이다.

우리는 소심하고 수줍은 사람이 무언가를 말하려고 하지만 할 수 없을 때 느끼는 억압과 생각이 막히는 끔찍한 감정에 공감한다. 소심한 젊은이는 종종 학교나 대학에서 발표를 시도할 때 이런 식으로 극심한 고통을 겪는다. 그러나 많은 위대한 연설가도 처음 대중 앞에서 연설을 시도했을 때 같은 종류의 경험을 겪었고, 종종 실수와 실패로 인해 깊은 굴욕을 겪었다. 하지만 연설가나 훌륭한 대화가가 되기 위해서는 자신을 효율적이고 우아하게 표현하기 위해 끊임없이 노력하는 것 외에 다른 방법은 없다.

자신의 아이디어를 표현하려고 할 때 아이디어가 날아가고, 찾을 수 없는 단어 때문에 더듬거리며 허둥대는 것을 발견한다면, 비록 첫 시도에서 실패하더라도 정직한 노력을 기울인다면 다음번에는 훨씬 쉽게 말할 수 있을 것이다. 계속하다 보면 어색함과 자의식을 극복하고 매너와 표현의 여유를 갖게 되는 것에 놀랄 것이다.

우리는 자기 생각을 흥미롭고 전달력 있는 언어로 표현하는 기술을 배운 적이 없기 때문에 엄청난 불이익을 당하는 사람들을 볼 수 있다. 우리는 공공 모임에서 중요한 질문이 논의될 때, 웅변이나 매끄러운 말솜씨를 뽐내는 사람들보다 훨씬 더 많은 정보를 가지고 있음에도 불구하고 자신이 아는 것을 말하지 못한 채 침묵하고 있는 똑똑한 사람들을 본다.

피상적이고 얕은 지식이 있는 사람이 단지 자신이 아는 것을 흥미롭게 말하기 때문에 참석자들의 관심을 끄는 반면, 많은 것을 알고 능력이 많은 사람이 종종 모임에서 인형처럼 앉아 있다. 그들은 어떤 주제에 대해서도 지적인 대화를 계속할 수 없다. 그러기 때문에 자신의 진정한 가치를 아는 사람들과 떨어져 있을 때는 굴욕감과 당혹감을 끊임없이 느낀다. 우리의 수도에는 수백 명의 침묵하는 사람이 있으며, 이들 중 다수는 갑자기 예기치 않게 정치적으로 유명해진 남편의 아내이다.

많은 사람, 특히 학자들은 인생에서 가장 중요한 것은 귀중한 정보를 머릿속에 가능한 한 많이 넣는 것이라고 생각하는 것 같다. 하지만 지식을 습득하는 것만큼이나 지식을 맛깔스럽게 전달하는 것도 중요하다. 당신이 심오한 학자이고, 역사와 정치에 대해 잘 알고 있으며, 과학, 문학, 예술에 대해 놀라울 정도로 뛰어난 지식을 가지고 있을 수 있지만, 지식이 자기 안에 갇혀 있다면 항상 불이익을 당할 것이다.

갇혀 있는 능력은 개인에게 어느 정도 만족을 줄 수 있지만, 세상이 그것을 인정하기 전에 매력적인 방식으로 표현하고 보여줘야 한다. 다이아몬드 원석의 가치가 아무리 높아도 그 안에 담긴 경이로운 아름다움과 엄청난 가치를 설명하거나 묘사하지 않는다면 아무 소용이 없다. 갈고 다듬고 빛을 비추어 숨겨진 광채를 드러내기 전까지는 아무도 그 가치를 인정하지 않을 것이다. 인간에게 대화는 다이아몬드를 깎는 것과 같다. 연마는 다이아몬드에 아무것도 추가하지 않는다. 단지 다이아몬드의 부를 드러낼 뿐이다.

대화 기술의 놀라운 가능성에 대해 무지하거나 무관심하게 자라는 것이 자녀에게 얼마나 해가 되는지 깨닫지 못하는 부모가 얼마나 많은지! 대부분 가정에서 아이들이 가장 불쾌한 방식으로 언어를 엉망으로 만들도록 내버려진다.

모든 종류의 주제에 대해 잘, 지능적으로, 흥미롭게 말하려는 노력만큼 두뇌와 인성을 발달시키는 것은 없다. 자기 생각을 명확한 언어로 흥미롭게 표현하려고 끊임없이 노력하는 것만큼 훌륭한 훈련은 없다. 우리는 상급학교의 혜택을 받지 못했다고는 상상도 할 수 없을 정도로 뛰어난 대화 능력을 가진 사람들을 알고 있다. 그들은 고등학교를 졸업한 적도 없지만, 자기표현의 기술을 연마한 많은 대학 졸업생이 그들을 보고 침묵하며 부끄러워했다.

학교와 대학은 몇 년 동안 하루에 몇 시간씩 비교적 짧은 시간 동안 학생들을 데리고 있지만, 대화는 평생학교에서 훈련하는 것과 같다. 많은 사람이 이 학교에서 교육의 가장 좋은 부분을 얻는다.

대화는 훌륭한 능력을 발견하고 가능성과 자원을 드러내는 훌륭한 도구이다. 대화는 생각을 훌륭하게 자극한다. 대화를 잘할 수 있다면, 다른 사람의 관심을 끌고 마음을 사로잡을 수 있다면, 우리는 자신에 대해 더 많이 생각하게 된다. 그렇게 할 수 있는 힘은 우리의 자존감과 자신감을 높인다.

자기 내면에 있는 것을 다른 사람에게 표현하기 위해 최선을 다하기 전까지 자신이 진정으로 무엇을 소유하고 있는지 알 수 없다. 그렇게 하는 순간 마음의 문이 활짝 열리고 능력들이 깨어난다. 모든 훌륭한 대화자는 전에는 느끼지 못했던 힘이 듣는 사람에게서 나오는 것을 느끼며, 이는 종종 새로운 노력에 자극과 영감을 준다. 두 가지 화학 물질이 섞이면 새로운 제3의 물질이 생성되듯이, 생각과 생각이 섞이고 마음과 마음이 접촉하면 새로운 힘이 생겨난다.

대화를 잘하려면 잘 듣고 수용적인 태도를 유지해야 한다.

우리는 대화를 잘하지 못할 뿐만 아니라 경청하는 태도 또한 좋지 않다. 우리는 조급해서 경청하지 않는다. 이야기나 정보에 귀를 기울여 열중하지 않는다. 이야기하는 사람을 존중하지 않고 그 앞에서 조용히 하려는 태도가 부족하다. 참을성 없이 주위를 둘러보거나, 시계를 찰칵거리거나, 의자나 테이블을 손가락으로 문지르거나, 지루해서 빨리 벗어나고 싶은 듯이 이리저리 돌아다니거나, 화자가 결론에 도달하기도 전에 끼어들기도 한다. 우리는 참을성이 없는 사람들이기 때문에 원하는 자리나 돈을 얻기 위해 군중을 뚫고 앞으로 나아가는 것 외에는 아무 것도 할 시간이 없다. 우리의 삶은 정신없이 바쁘고 부자연스럽다. 매너의 매력이나 우아한 말투를 계발할 시간이 없다. "우리는 경구나 재담을 하기에는 너무 강렬하다. 시간이 부족하다."

신경질적인 조바심은 미국인의 눈에 띄는 특징이다. 우리에게 더 많은 사업이나 돈을 가져다주지 않거나 우리가 얻고자 하는 자리를 얻는 데 도움이 되지 않는 것은 우리를 지루하게 만든다. 우리는 친구와 즐겁게 시간을 보내기보다 친구를 사다리의 가로대로 여겨, 그들이 우리 책에 독자를 제공하거나, 우리에게 환자, 고객, 의뢰인을 보내주거나, 우리의 정치적 입지를 강화할 수 있는 능력을 보여줄 때 그에 비례해 소중히 여기는 경향이 있다.

요즘처럼 바쁘게 돌아가는 시대 이전에는 지적인 연사를 둘러싼 그룹에서 청중이 되는 것이 가장 큰 사치의 하나로 여겨졌다. 그 어떤 현대의 강연보다, 책에서 찾을 수 있는 그 어떤 것보다 좋았다. 거기에는 개성이 넘치고, 스타일이 매력적이며, 매료시키는 자력이 있고, 뛰어난 인격이 있었다. 교육을 갈망하는 굶주린 영혼에게 그 지혜로운 입술에서 나오는 지식을 마시는 것은 왕실의 잔치를 먹는 것 같았다.

그러나 오늘날에는 모든 것이 "터치 앤드 고(touch and go)"이다. 우리는 길거리에서 멈춰서 우아한 인사를 할 시간이 없다. "어떻게 지내세요?" 또는 "안녕하세요"라며 우아하게 고개를 숙이는 대신 날카롭게 고개를 끄덕인다. 우리는 우아함과 매력을 위한 시간이 없다. 모든 것을 물질에 양보해야 한다.

기사도 시대와 여가 시대의 매력은 우리 문명에서 거의 사라졌다. 새로운 유형의 개인이 등장했다. 우리는 낮에는 트로이 목마처럼 일하고 저녁에는 극장이나 다른 오락 장소로 달려간다. 우리에게는 예전처럼 유머와 재미를 만드는 능력을 계발하거나 스스로 즐거움을 만들 시간이 없다. 우리는 앉아서 웃는 동안 그것을 해줄 사람에게 돈을 지불한다. 우리는 마치 시험을 치르기 위해 과외 선생에게 의존하는 일부 대학생과 같다. 우리는 그들이 기성품의 형태로 제공하는 교육을 구입하기를 기대한다.

삶이 너무 인위적이고, 강요되고, 자연스러움과는 거리가 멀어지면서 우리는 인간의 엔진을 무서운 속도로 작동시켜 우리의 섬세한 삶을 짓밟고 있다. 우리 안에 자연스러움과 유머, 훌륭한 문화와 뛰어난 개성의 매력이 있을 가능성은 거의 불가능해지고 극히 드물어졌다.

대화가 쇠퇴하는 한 가지 원인은 공감의 부족이다. 우리는 너무 이기적이고, 자신의 복리에 너무 바쁘고, 자신의 작은 세계에 갇혀 자기 홍보에 열중한 나머지 다른 사람에게 관심을 두지 않는다. 공감 능력이 없는 사람은 좋은 대화가가 될 수 없다. 다른 사람의 삶으로 들어가 그 사람과 함께 살 수 있어야 좋은 경청자 또는 좋은 대화자가 될 수 있다.

월터 베산트는 말은 거의 하지 않았어도 대화가로 명성이 높았던 한 영리한 여성에 대해 이야기하곤 했다. 그녀는 소심하고 수줍음 많은 사람이 자기 생각을 말할 수 있도록 도왔고, 그들이 집처럼 편안하게 느낄 수 있도록 배려하는 따뜻한 태도를 지녔다. 그녀는 그들의 두려움을 없애 주었다. 그 결과 그들은 다른 사람에게는 할 수 없었던 말을 그녀에게 할 수 있었다. 사람들은 그녀가 다른 사람의 최선을 끌어내는 능력이 있기 때문에 그녀를 흥미로운 대화가라고 생각했다.

상대방에게 호감을 주려면 대화 상대방의 삶으로 들어갈 수 있어야 하고, 그들의 관심사를 따라 그들을 어루만져야 한다. 어떤 주제에 대해 아무리 많이 알고 있어도 대화 상대가 관심을 갖지 않는다면 당신의 노력은 대부분 소용이 없을 것이다.

평범한 리셉션이나 클럽 모임에서 자기만의 기분에 빠져 대화에 진지하게 참여하지 못하고 멍하니 서 있는 무력한 사람들의 모습을 보면 안타까울 때가 있다. 그들은 어떻게 하면 더 많은 사업, 더 많은 고객, 더 많은 환자, 더 많은 독자를 확보할 수 있을지, 어떻게 하면 더 좋은 집에 살 수 있을지, 어떻게 하면 더 많은 겉치레를 할 수 있을지 생각하고, 생각하고, 생각한다. 그들은 다른 사람의 삶에 진심으로 들어가지도 않고, 좋은 대화 상대가 될 만큼 자신을 버리지도 않는다. 그들의 마음은 다른 곳에 있고, 자신과 자기 일에 대해서만 애정이 있기 때문에, 차갑고 내향적이며 멀리 떨어져 있다. 그들이 관심을 두는 것은 오직 두 가지, 즉 비즈니스와 자기만의 작은 세계뿐이다. 당신이 그것들을 이야기하면 그들은 즉시 관심을 보이지만, 당신의 일, 당신이 어떻게 지내는지, 당신의 야망이 무엇인지, 또는 그들이 당신을 어떻게 도울 수 있는지에 대해서는 전혀 신경 쓰지 않는다. 이렇게 광적이고 이기적이며 공감 능력이 없는 상태에서는 높은 수준의 대화에 도달할 수 없다.

훌륭한 대화가는 항상 재치 있게 상대의 기분을 상하게 하지 않으면서 흥미를 유발한다. 관심을 끌기 위해 상처를 주거나 가족사를 들추는 일은 하지 않는다. 어떤 사람은 우리 안에 있는 최선의 것을 자극하는 특별한 자질을 가지고 있지만, 어떤 사람은 나쁜 것을 자극한다. 그들이 우리 앞에 올 때마다 우리는 짜증이 난다. 어떤 사람은 불쾌한 모든 것을 진정시킨다. 그들은 우리의 민감한 부분을 건드리지 않으면서 자연스럽고 달콤하고 아름다운 것들을 불러낸다.

링컨은 만나는 모든 사람이 자신에게 흥미를 갖게 하는 기술의 달인이었다. 그는 이야기와 농담으로 사람을 편하게 만들었고, 그가 있는 곳마다 집처럼 편안하게 느끼도록 만들어 자신의 정신적 보물을 거리낌없이 열어 보였다. 낯선 사람들은 그가 항상 친절하고 기발하며, 자신이 받은 것보다 더 많은 것을 베풀었기 때문에 그와 대화하는 것을 좋아했다.

당연히 링컨과 같은 유머 감각은 대화에 큰 도움이 된다. 하지만 누구나 웃길 수 있는 것은 아니며, 유머 감각이 부족하면 웃기려고 애쓰다가 오히려 자기를 우스꽝스럽게 만들 수 있다.

그러나 좋은 대화가는 너무 진지하지 않다. 그는 아무리 중요하더라도 사실을 너무 많이 다루지 않는다. 사실이나 통계는 사람을 피곤하게 만든다. 생동감이 절대적으로 필요하다. 무거운 대화는 지루하고, 너무 가벼운 대화는 혐오스럽다.

당신은 듣는 사람을 당신에게 가까이 데려와야 하고, 마음을 활짝 열고, 자유롭고 열린 마음을 보여주어야 한다. 당신이 반응해야 그가 본성의 모든 길을 활짝 열어주어, 당신은 그의 마음에 자유롭게 접근할 수 있다.

어떤 사람이 어느 곳에서나 성공한다면 그것은 그의 개성, 즉 강력하고 효과적이며 흥미로운 언어로 자신을 표현하는 힘 때문이어야 한다. 그는 자신이 무언가를 성취했음을 보여주기 위해 낯선 사람에게 자신의 소유물 목록을 제시할 의무가 없어야 한다. 더 큰 부가 그의 입술에서 흘러나와 그의 방식으로 표현되어야 한다.

아무리 타고난 능력이 많다 하더라도, 교육을 많이 받았다 하더라도, 좋은 옷을 입었다 하더라도, 돈이 많다고 하더라도, 언어를 서툴게 사용하면 좋게 보일 수 없다.

12장

좋은 매너는 자산이다

소년에게 태도와 교양을 가르치라. 그것은 그가 어디를 가든 저택과 재산을 차지할 길을 알려주는 것이다. 그는 그것들을 얻거나 소유하는 데 어려움을 겪지 않는다. 오히려 그것들이 그에게 가서 그들을 소유하도록 간청한다.
• 에머슨

공손하게 처신하면 세상에서 성공한다.
• 독일 속담

네가 할 일은,
너는 칼을 휘둘러 집행하기보다
너의 미소로 해야 한다.
• 셰익스피어

공손함은 에어 쿠션에 비유되는데, 비록 그 안에는 아무것도 없지만 우리의 충격을 훌륭하게 완화시켜 준다.
• 조지 L. 칼리

태어나는 것도 좋지만, 번식하는 것은 더 좋다.　　　　• 스코틀랜드 속담

행동은 인생의 4분의 3이다.　　　　　　　　　　　　• 매슈 아널드

"내 힘을 갖고 싶지 않은가?" 동풍이 산들바람에게 물었다. "봐라, 내가 출발하면 해안 곳곳에서 폭풍 신호로 나를 환영한다. 나는 네가 엉겅퀴를 휘날리는 것만큼이나 쉽게 배의 돛대를 비틀어버릴 수 있다. 내가 날개를 한 번 휘두르면 래브라도에서 케이프 혼까지 해안을 부러진 배 목재로 뒤덮을 수 있다. 나는 대서양을 들어 올릴 수 있고, 종종 들어 올렸다. 나는 모든 병자의 공포다. 내가 그들의 뼛속까지 파고드는 것을 막기 위해, 사람들은 숲을 베어 불을 피우고 대륙의 광산을 탐사해 석탄을 캐내 그들의 화로를 채운다. 내 숨결 아래에서 나라들이 무덤에서 웅크리고 있다. 내 힘을 갖고 싶지 않은가?"

산들바람은 아무 대답도 하지 않고 하늘의 정자에서 떠올랐다. 모든 강과 호수, 바다, 숲과 들판, 짐승과 새와 사람들이 산들바람의 등장에 미소를 지었다. 정원에 꽃이 피고, 과일이 무르익고, 은빛 밀밭이 황금빛으로 변하고, 양털 같은 구름이 높은 하늘을 향해하고, 새의 지느러미와 배의 돛이 부드럽게 흔들리며, 건강과 행복이 곳곳에 가득했다. 단풍과 꽃과 과일과 수확, 따뜻함과 반짝임과 기쁨과 아름다움과 생명은 교만하지만 불쌍한 동풍의 무례한 질문에 산들바람이 내놓은 유일한 대답이었다.

빅토리아 여왕은 언젠가 남편에게 다소 독재적인 어조로 자신을 표현했고, 남자의 자존심에 상처받은 앨버트 공은 현명하게 반응해 자신의 방으로 물러나 문을 잠갔다. 약 5분 후 누군가 문을 두드렸다.

"누구세요?" 공이 물었다.

"짐이다. 영국 여왕에게 문을 열어라!" 여왕 폐하가 거만하게 대답했다. 대답이 없었다. 오랜 시간이 지난 후 문을 부드럽게 두드리는 소리와 낮은 목소리가 들렸다. "저예요. 당신의 아내 빅토리아예요." 문이 열렸다, 또는 의견 불일치가 끝났다는 것을 덧붙일 필요가 있을까? 남자에게 예의는 여자에게 아름다움과 같다고 한다. 즉, 예의 있는 남자는 호감을 즉각 불러일으킨다.

기이하고 오래된 전설에 따르면, 수도사 바젤은 교황의 파문 금지령에 따라 죽었고, 한 천사가 저 낮은 곳에서 그가 있을 만한 곳을 찾으라는 임무로 보내졌다. 그러나 그의 온화한 성품과 뛰어난 대화 능력 때문에 그는 가는 곳마다 친구를 얻었다. 타락한 천사도 그의 방식을 따랐고, 선한 천사조차도 그와 함께 살기 위해 먼 길을 떠났다. 그는 하데스*의 가장 깊은 곳으로 쫓겨났지만 결과는 같았다. 그의 타고난 예의와 친절한 마음은 누구도 막을 수 없었고, 지옥을 천국으로 바꾸는 것처럼 보였다. 마침내 천사는 그를 처벌할 곳을 찾을 수 없다고 말하며 수도사와 함께 돌아왔다. 그는 여전히 동일한 바젤로 남았다. 그의 형벌은 취소되었고, 그는 천국으로 보내져 성인으로 올려졌다.

---

* 그리스 신화에 나오는 죽음의 세계이다.

말보로 공작은 "영어를 잘못 쓰고 철자도 틀렸지만" 제국의 운명을 뒤흔들었다. 그의 매너의 매력은 거부할 수 없었고, 전 유럽에 영향을 미쳤다. 그의 매혹적인 미소와 승리하는 연설은 가장 사나운 증오를 무장 해제하고 가장 지독한 적을 친구로 만들었다.

한 신사가 16살짜리 딸을 데리고 리치먼드로 가서 그가 배신자로 여기던 숙적 애런 버의 재판을 방청했다. 그러나 딸은 버의 매력적인 태도에 매료되어 그의 친구들과 하나가 되었다. 그녀의 아버지는 법정에서 그녀를 데리고 나와 가두었지만, 그녀는 피고인의 훌륭한 태도에 압도되어 그의 결백을 믿고 무죄 방면을 위해 기도했다. 50년이 지난 지금까지도 그녀는 "지금도 나는 그의 훌륭한 태도에 있던 마법을 느낀다"라고 말한다.

레카미에 부인은 파리의 생 로슈 교회에서 상자를 돌리면 2만 프랑이 걷힐 정도로 매력이 있었다. 이탈리아에서 돌아온 나폴레옹을 환영하는 성대한 리셉션에서, 군중들은 이 매혹적인 여인을 보고 위대한 영웅을 보는 것을 잊어버릴 뻔했다.

저녁 식사 때 한 하인이 맹트농 부인에게 "오늘은 불에 구운 고기가 없으니 재미있는 이야기 하나만 더 들려주세요"라고 속삭였다. 그녀는 매너와 말투가 너무 매혹적이어서 손님들은 삶의 모든 작은 불편을 참고 넘기는 것처럼 보였다.

생 보브에 따르면, 소풍을 갔던 코페의 특권층은 두 대의 마차를 타고 샹베리에서 돌아왔다고 한다. 첫 번째 마차를 타고 도착한 일행은 엄청난 천둥 번개와 형편없는 도로, 위험과 우울함 등 후회스러운 경험을 했다. 두 번째 마차에 탄 일행은 천둥 번개, 가파른 길, 진흙탕, 위험을 전혀 알지 못했다. 오히려 땅의 상태는 잊어버리고 깨끗한 공기를 마시면서 스탈 부인과 레카미에 부인, 뱅자맹 콩스탕과 슐레겔이 하는 대화를 들으며 놀랐다. 대화에 취한 그들은 날씨나 거친 길에 대해 전혀 신경 쓰지 않았다. 테세 부인은 "내가 여왕이라면 스탈 부인에게 매일 나와 대화하라고 명령했을 것"이라고 말했다.

스탈 부인은 아름답기만 한 여인이 아니었다. 그녀는 아름답기만 한 것을 움츠리고 진부하고 부끄럽게 하는 뭔가 정의할 수 없는 것을 지녔다. 사람의 마음을 사로잡는 힘이 대단했다. 그들은 그녀의 의지가 만든 피조물이었고, 그녀는 마치 전지전능한 존재처럼 경력을 키웠다. 나폴레옹 황제도 그녀의 국민에 대한 영향력을 두려워하여 그녀의 저서를 불사르고 프랑스에서 추방했다.

휘티어의 말을 빌리자면, 모든 여성에게 그러하듯 그녀에 대해서도 이렇게 말할 수 있다.

그녀 덕분에 우리 집은 더 밝아졌다.
우리 집 앞마당은 더 밝게 피어난다.
그리고 사회적 공기에 관한 모든 것,

그녀가 오는 것이 더 달콤하다.

팔 또는 다리가 없는 것으로 알려진 아서 M. 카바노의 집에서 2주간 머물렀던 한 손님은 그가 어떻게 음식을 먹는지 알고 싶었지만, 주인의 대화와 태도가 너무 매력적이어서 그의 기형을 거의 의식하지 못했다.

찰스 디킨스를 잘 아는 한 사람은 "그가 방에 들어올 때면 마치 갑자기 큰불을 붙이는 것과 같아서 모든 사람이 따뜻해졌다"라고 말했다.

괴테가 식당에 들어서면 사람들은 칼과 포크를 내려놓고 그를 존경했다고 한다.

마케도니아의 필리포스는 데모스테네스의 유명한 연설에 대한 보고를 들은 후 이렇게 말했다. "내가 그곳에 있었다면 그는 나에게 무기를 들어 나 자신과 싸우라고 설득했을 것이다."

헨리 클레이는 매너가 매우 우아하고 인상적이어서 펜실베이니아의 한 선술집 주인은 그에게 같이 타고 있던 마차에서 내려 자기 부부에게 연설을 해달라고 부탁할 정도였다.

이 위대한 변호사에 대해 다섯 번 연속해서 판결을 내린 한 배심원은 "나는 초이트의 독수리 같은 말솜씨를 별로 좋아하지 않는다"라고 하면서도 "하지만 우리에게 배정된 다섯 건의 사건 중 그가 옳지 않은 경우는 하나도 없었기 때문에 나는 그를 매우 운이 좋은 변호사라고 부른다"라고 말했다. 그의 매너와 논리는 거부할 수 없었다.

에드워드 에버렛이 5년간의 유럽 유학을 마치고 하버드에서 교수직을 맡았을 때, 그는 학생들에게서 숭배를 받다시피 했다. 그의 매너에서는 교양 있는 여성에게서나 볼 수 있는 절묘한 우아함이 느껴졌다. 모든 사람이 그의 인기를 크게 느꼈지만 아무도 그 마법 같은 분위기를 설명할 수 없었다. 그 분위기 때문에 사람들은 절대 그를 떠나지 않았다.

뉴욕의 한 여성이 필라델피아행 기차의 좌석에 막 앉았는데, 바로 앞에 앉은 다소 건장한 남성이 시가에 불을 붙였다. 그녀는 기침을 하며 불안하게 몸을 움직였지만 아무런 효과가 없자 퉁명스럽게 말했다. "당신은 아마도 외국인이고 열차에 흡연 칸이 있다는 것을 모르는 듯하군요. 이곳에서는 흡연이 허용되지 않아요." 그 남자는 아무 대답도 하지 않고 시가를 창밖으로 던졌다. 잠시 후 차장이 들어와 그 여성에게 그랜트 장군의 전용칸에 탔다고 말했을 때 그녀는 얼마나 놀랐을까? 그녀는 혼란스러워 자리에서 일어났지만 문에 도착할 때까지 그가 바보처럼 입을 다물고 움직이지 않은 채 있는 것을 보았다. 그는 재미있다는 표정을 짓거나 의심의 눈초리조차 보내지 않았으며, 시가를 버렸을 때와 같은 훌륭한 매너를 다시 보여주었다.

줄리언 랠프는 아서 대통령이 사우전드 제도로 낚시 여행을 떠난 것을 전보로 전한 뒤 새벽 2시에 호텔로 돌아왔다. 그러나 문이 모두 잠겨 있었다. 그는 동행한 친구 두 명과 함께 옆문을 두드려 하인들을 깨웠지만, 미국 대통령이 문을 열어줬을 때 얼마나 당황했을까!

"아니, 괜찮아요." 랠프가 용서를 구했을 때 아서 씨가 말했다. "내가 오지 않았다면 아침까지 들어올 수 없었잖아요. 집에는 나 말고는 아무도 없어요. 내 흑인 소년을 보낼 수도 있었지만, 소년이 잠들어 있어서 깨우기 싫었어요."

에드워드 왕은 유럽 최초의 신사였던 웨일스 공일 때 한 저명인사를 초대해 저녁 식사를 했다. 커피가 나왔을 때 그 손님은 접시에 자신의 커피를 따라 마셔 사람들을 놀라게 했다. 한바탕 웃음이 테이블 주위를 돌았다. 공은 때늦은 유희의 원인을 재빨리 알아차리고 자신의 컵에 있는 커피를 접시에 비우고 손님을 따라 마셨다. 공의 집안 다른 구성원도 질책을 받아 침묵하고 부끄러워하며 똑같이 따라 했다.

빅토리아 여왕은 스코틀랜드 농부였던 칼라일을 불러 귀족 작위를 제안했지만, 그는 자신이 항상 귀족이었다고 느끼며 거절했다. 그는 궁중 예절을 거의 이해하지 못했기 때문에 여왕에게 소개되었을 때 피곤한 듯 몇 분간 이야기를 나눈 후 "앉으시죠, 부인"이라고 말했다. 이 말에 궁중 사람들은 거의 기절할 뻔했다. 그러나 여왕은 충분히 위대했고, 모든 꼭두각시들을 순식간에 자리에 앉히는 제스처를 취했다. 여왕이 왜 그렇게까지 하면서 예절 규칙을 정중하게 중단했는지는, 칼라일의 지인이 그를 처음 보았을 때 그에 대해 말한 것을 통해 잘 이해될 수 있다. "그는 약간 무책임한 방식으로 행동해 사람들의 신경을 거슬렀다. 나는 희귀한 존재를 만날 것으로 기대했는데, 신 와인을 마시는 듯하기도 하고 뱃멀미를 할 것 같이 느껴져 그를 떠났다."

어떤 사람은 홀을 휘두르고 다른 사람은 기꺼이 순종하며 절하는 것처럼 보인다. 그들은 어디서 그런 마법의 힘을 얻었을까? 우리가 무엇이든 줄 수 있게 만드는 최면에 가까운 영향력의 비결은 무엇인가?

높은 자리에서 항상 예의만 발견되는 것은 아니다. 왕실에서도 나쁜 매너의 예를 많이 볼 수 있다. 몇 년 전 에드워드 웨일스 공 부부가 주최한 연회에는 사교계의 최상류층만 입장할 수 있었는데, 당시 결혼한 지 얼마 되지 않은 공의 부인을 보기 위해 밀치고 몸싸움하는 바람에 부인이 응접실을 지나갈 때 부인의 흉상이 바닥으로 떨어져 파손되었고, 받침대가 뒤집혔으며, 부인을 보기를 열망하는 여성들이 실제로 그것을 밟고 서기도 했다.

러시아의 예카테리나는 리셉션을 열 때 귀족에게 다음과 같은 에티켓 규칙을 카드에 적어 주었다. "신사는 연회가 끝나기 전에 술에 취해서는 안 된다. 귀족은 동반한 아내를 때리는 것이 금지된다. 궁정에서 여성은 술잔으로 입을 씻어 내거나, 다마스크로 얼굴을 닦거나, 포크로 이를 쑤셔서는 안 된다." 그러나 오늘날 러시아 귀족은 매너에서 우위에 있지 않다.

에티켓은 원래 내용물을 표시하기 위해 가방에 묶는 티켓이나 태그를 의미했다. 이 티켓이 가방에 있으면 검사하지 않았다. 이 단어는 손님이 지켜야 할 특정 규칙이 인쇄된 카드로 발전하였다. 이 규칙이 바로 "티켓" 또는 에티켓이었다. "티켓"이 되는 것, 또는 종종 표현되는 것처럼 카드에 나온 대로 행동하거나 말하는 것은 더 나은 계급이 되는 것이었다.

나폴레옹이 이탈리아 군대의 총사령관이 되기 전에 조세핀과 결혼한 것은 나폴레옹에게 행운이었다. 그녀의 매혹적인 매너와 놀라운 설득력은 나폴레옹이 프랑스에서 자신의 이익을 높일 지지자들을 확보하는 데 있어 수십 명의 남자들의 충성심보다 더 큰 영향력을 발휘했다. 조세핀은 응접실과 살롱에서 나폴레옹이 전장에서 그랬던 것처럼 탁월한 지도자였다. 프랑스인뿐만 아니라 남편이 정복한 여러 나라의 마음을 사로잡은 황후가 될 수 있었던 성격의 비밀을 그녀가 직접 아름답게 이야기했다. 그녀는 한 친구에게 "내가 자발적으로 '하겠다'라는 말을 쓰는 경우는 단 하나, 즉 '내 주변의 모든 사람이 행복해지게 하겠다'라고 할 때이다"라고 말했다.

> "그저 기쁜 마음으로 '굿모닝'을 외쳤을 뿐이다.
> 그녀가 길을 지나갈 때,
> 그러나 그것은 아침의 영광을
> 하루 종일 퍼뜨렸다."

훌륭한 매너는 본성의 모든 결점을 보완하는 것 이상이다. 매력적인 사람은 신체가 아름다운 사람이 아니라 매너가 뛰어난 사람이다. 고대 그리스인은 아름다움이 신들의 특별한 호의를 증명하는 것이라고 생각했고, 딱딱하고 거만한 느낌의 외형적 표현에 손상되지 않는 아름다움만이 꾸미고 전달할 가치가 있다고 보았다. 그들의 이상에 따르면 아름다움은 쾌활함, 선량함, 만족, 자선, 사랑과 같은 내면의 매력적 자질을 표현하는 것이어야 했다.

미라보는 프랑스에서 가장 못생긴 남자 중 한 명이었다. "천연두로 움푹 팬 호랑이 얼굴"이라고 불렸지만, 그의 매너는 거부할 수 없는 매력이 있었다.

예술에서와 마찬가지로 삶과 성격의 아름다움에는 날카로운 각이 없다. 그 선은 연속적으로 보이기에 곡선으로 부드럽게 녹아든다. 영혼의 아름다움을 방해하는 것은 날카로운 각이다. 우리의 선은 갑작스럽거나, 무례하거나, 타이밍이 좋지 않거나, 장소가 좋지 않을 때 선한 면이 덜하다. 많은 남녀가 친절한 예의와 훌륭한 매너로 자신의 영향력과 성공을 두 배로 늘릴 수 있다.

전승에 따르면 아펠레스는 온 그리스를 매혹시킨 멋진 미의 여신을 그리기 전에, 비너스에게 가장 사랑스러운 조합을 구현하기 위해 수년 간 아름다운 여성들을 관찰하며 돌아다녔다고 한다. 따라서 매너가 좋은 사람은 만나는 모든 교양 있는 사람에게서 가장 훌륭하고 본받을 만한 것을 관찰하고 받아들인다.

영리한 관찰자가 말하기를, 개에게 뼈를 던져주면 개는 그걸 물고 도망가지만 꼬리에는 진동이 없다고 한다. 개를 불러서 머리를 쓰다듬고 손에서 뼈를 가져가도록 하면 감사하는 마음으로 꼬리를 흔들 것이다. 개는 선행과 은혜로운 태도를 인식한다. 선행을 던지는 사람은 상대가 감사의 미소로 받기를 기대해서는 안 된다.

에든버러의 거스리 박사는 "로마에 있는 사람에게 길을 알려달라고 하면 그는 항상 예의 바르고 정중하게 대답할 것이지만, 이 나라(스코틀랜드)에서 그런 목적으로 어떤 사람에게 물으면 '코가 향하는 쪽으로 가다 보면 찾을 수 있다'라고 말할 것이다"라고 말했다. "책임은 상층 계급에 있다. 이 나라에서 하층 계급이 예의가 없는 이유는 상층 계급이 예의가 없기 때문이다. 파리에 처음 갔을 때 얼마나 놀랐는지 기억난다. 나는 첫날을 한 은행가와 함께 묵었는데, 그 은행가는 나를 펜션, 즉 우리가 하숙집이라고 부르는 곳으로 데려갔다. 우리가 거기에 도착했을 때 하인 소녀가 문으로 왔고, 은행원은 모자를 벗고 그 소녀에게 고개를 숙이며, 마치 숙녀인 것처럼 소녀를 마드모아젤이라고 불렀다. 하층 계급이 그렇게 예의 바른 이유는 상층 계급이 그들에게 예의 바르고 공손하기 때문이다."

훌륭한 예의는 그 자체로 재산이다. 예의 바른 사람은 재물이 없어도 어디에서나 여권을 가지고 있기 때문이다. 모든 문이 그들에게 열려 있고 돈이나 대가 없이도 들어갈 수 있다. 그들은 사거나 소유하는 수고 없이 거의 모든 것을 즐길 수 있다. 그들은 모든 가정에서 햇빛처럼 환영받는다. 안 될 리가 없다. 빛과 햇살과 기쁨을 어디든 가지고 다니기 때문이다. 그들은 모든 사람에게 선한 의지를 품고 있기 때문에 질투와 시기를 무장 해제한다. 꿀벌은 꿀이 묻은 사람을 쏘지 않는다.

체스터필드는 "자신의 훌륭한 매너가 다른 사람의 나쁜 매너에 대한 최고의 방어책"이라고 말한다. "그것은 가장 심술궂은 사람에게도 존중을 받게 하는 존엄성을 갖게 한다. 나쁜 매너는 가장 소심한 사람도 친숙하게 접근하도록 초대하고 용인한다. 말보로 공작에게 무례한 말을 하거나, 로버트 월폴 경에게 공손한 말을 한 사람은 없었다."

진정한 신사는 복수, 증오, 악의, 시기, 질투 등 타인의 적대감을 자극하는 자질을 품을 수 없다. 이러한 자질은 영적 생명의 원천을 독살하고 영혼을 위축시키기 때문이다. 관대한 마음과 모든 사람을 향한 온화한 선의는 훌륭한 매너를 소유한 사람에게 절대적으로 필요하다. 여기 화가 나 있고, 게걸스럽고, 변덕스럽고, 음침하고, 침묵하고, 심술궂고, 인색하고, 가족과 하인에게 비열한 사람이 있다. 그는 아내가 필요한 옷을 사기 위해 약간의 돈을 달라고 할 때 거절하면서, 그것이 백만장자가 되기를 망치는 사치라고 비난한다. 갑자기 벨이 울린다. 어떤 이웃이 방문한다. 얼마나 크게 변하는지! 잠시 전의 곰은 어린 양처럼 유순하다. 마술처럼 그는 수다스럽고 예의 바르고 관대해진다. 방문자가 떠난 후 그의 어린 딸은 아버지에게 잠시라도 "사교적 예의"를 유지해 달라고 간청하지만 음침한 분위기가 돌아오고 예의는 금방 사라진다. 그는 손님이 오기 전과 똑같이 불쾌하고 경멸하는 심술궂은 곰이 된다.

위대한 존슨 박사가 에스키모인처럼 먹는다. 그가 자신에게 동의하지 않는다는 이유로 사람들을 "거짓말쟁이"라고 부른다. 박사의 친구가 그것을 보고 들으면서 모멸감과 고통을 느끼지 않았을까? 존슨 박사는 "큰곰자리" 또는 "큰곰"이라고 불렸다.

벤저민 러시는 런던에서 열린 한 연회에서 골드스미스가 "아메리칸 인디언"에 대해 질문하자 존슨 박사가 이렇게 외쳤다고 말했다. "북미에 그런 질문을 할 만큼 어리석은 인디언은 없습니다." 이에 골드스미스가 대답했다. "선생님, 미국에는 신사에게 그런 말을 할 만큼 무례한 야만인은 없습니다."

스티븐 A. 더글러스는 상원에서 폭언을 당한 후 자리에서 일어나면서 말했다. "신사라면 대답할 필요가 없는 말을 해서는 안 됩니다."

아리스토텔레스는 2천여 년 전에 진정한 신사를 이렇게 묘사했다. "관대한 사람은 좋은 일이든 나쁜 일이든 온건하게 행동할 것이다. 그는 자신을 높이는 것을 허용하지 않으며 자신을 낮추는 것을 허용하지 않는다. 그는 성공에 기뻐하지도 않고 실패에 슬퍼하지도 않는다. 그는 위험을 선택하거나 추구하지 않는다. 그는 자신이나 다른 사람에 대해 이야기하지 않는다. 그는 자신이 칭찬받아야 하는 것도, 다른 사람이 비난받아야 하는 것도 신경 쓰지 않는다."

신사는 신사일 뿐이다. 그 이상도 이하도 아니며, 원석이었던 다이아몬드를 연마한 다이아몬드일 뿐이다. 신사는 온화하고, 겸손하며, 예의 바르고, 화를 잘 내지 않으며, 남의 감정을 상하게 하지 않는다. 그는 악을 생각하지 않기 때문에 악을 추측하는 데 느리다. 그는 식욕을 절제하고, 취향을 다듬고, 감정을 억제하고, 말을 통제하며, 다른 사람을 자신만큼 좋게 여긴다. 신사는 도자기처럼 유약을 바르기 전에 그림을 입혀야 한다. 불에 구운 뒤에는 변화가 있을 수 없으며, 그 후에 입혀진 것은 무엇이든 씻겨나갈 것이다. 모든 것을 잃을지라도 용기, 쾌활함, 희망, 미덕, 자존심을 유지하는 사람은 진정한 신사이며 여전히 부자이다.

"당신이 프랭클린 박사를 대신한다고 들었습니다." 우리의 가장 인기 있는 대표를 덜어주기 위해 파리로 파견된 제퍼슨 씨에게 프랑스 장관 베르 제네 백작이 말했다. "제가 그분의 뒤를 이을 것이고, 누구도 그분을 대신할 수 없습니다." 유럽의 가장 예의 바른 궁정에서 높은 존경을 받게 된 이 남자의 기쁜 대답이었다.

클레멘트 14세가 자신의 당선을 축하하기 위해 고개를 숙인 각국 대사들에게 인사를 건네자 의전 담당자는 "그들의 경례에 답례하지 말아야 했습니다"라고 말했다. 그러자 클레멘트가 대답했다. "이거, 실례이군. 그런데 나는 예의를 잊을 만큼 교황이 된 지 오래되지 않았어."

카우퍼는 다음과 같이 말한다.

겸손하고, 현명하고, 잘 자란 사람은
나를 모욕하지 않을 것이며, 다른 누구도 모욕할 수 없다.

몽테스키외는 "나는 소문에 귀를 기울이지 않는다"라며 "소문이 사실이 아니라면 속을 위험이 있고, 사실이라면 생각할 가치도 없는 사람을 미워할 위험이 있기 때문이다"라고 말했다.

에머슨은 "한스 안데르센이 말한 왕의 의복을 위해 보이지 않을 정도로 촘촘하게 짠 거미줄 천에 관한 이야기는 매너를 의미한다고 생각한다. 매너는 왕의 본성을 실제로 입히는 것이다"라고 말한다.

좋은 매너, 즉 인간적인 동정심을 바탕으로 한 적절한 배려가 인생에서 얼마나 큰 영향을 미치는지는 누구도 충분히 짐작할 수 없다. 매너는 정제된 본성의 친절한 결실이며, 사회에서 최고가 되려는 사람이라면 손쉽게 얻을 수 있는 방법이다. 매너는 우리가 숨 쉬는 공기처럼 지속적이고 꾸준하고 균일하며, 무적의 작용을 통해 우리를 진정시키거나 짜증 나게 만들고, 고양하거나 비하하고, 야만화하거나 세련되게 만든다.

에머슨은 묻는다. "늦가을 아침 숲속에서 어떤 가련한 곰팡이 또는 버섯, 즉 단단함이 전혀 없는, 아니 부드러운 옥수수죽이나 젤리에 불과해 보이는 식물이 지속적이고 총체적이며 상상할 수 없을 정도로 부드럽게 밀고 올라와, 서리가 내린 땅을 뚫고, 실제로 머리의 딱딱한 껍질을 들어 올리는 것을 보셨나요? 그것은 친절의 힘을 상징합니다."

"예의만큼 좋은 정책은 없다"라고 마군은 말한다. "최고의 혀가 실패한 곳에서 좋은 매너가 성공하는 경우가 많기 때문이다." 상대를 기쁘게 하는 기술은 곧 출세의 기술이다.

세계에서 가장 정치적인 민족은 유대인이라고 한다. 그들은 모든 시대에 걸쳐 학대와 욕설을 당하고 시민의 특권과 사회적 권리를 박탈당했지만 어디서나 예의 바르고 상냥하다. 그들은 비난을 거의 또는 전혀 즐겨하지 않으며, 오래된 교제에 충실하고, 자신들이 받는 편견보다 다른 사람이 받는 편견을 더 배려하고, 일반 사람보다 더 세속적이거나 돈을 사랑하지 않으며, 모든 것을 고려할 때 예의, 친근감, 관용에 있어서 모든 나라를 능가한다.

리히터는 "인간은 총알처럼 가장 부드러울 때 가장 멀리 날아간다"라고 말한다.

나폴레옹은 조세핀이 젊고 잘생긴 로르주 장군을 소파 옆에 앉도록 허락했다는 소식을 듣고 매우 불쾌해했다. 조세핀은 로르주 장군이 궁정의 관습에 전혀 익숙하지 않은 군대의 노장군 중 한 명이라고 설명했다. 그녀는 정직한 노병의 감정을 상하게 하고 싶지 않았기 때문에 그가 계속 앉아 있도록 허락했다. 나폴레옹은 그녀의 예의를 높이 평가했다.

제퍼슨 대통령은 어느 날 손자와 함께 말을 타고 가던 중 모자를 벗고 고개 숙여 인사하는 노예를 만났다. 대통령은 모자를 들어 인사로 화답했지만 손자는 흑인의 예의를 무시했다. 할아버지가 말했다. "토머스. 노예가 너보다 더 신사가 되는 것을 허용하는 거니?"

프레드 더글러스는 "링컨은 미국에서 처음으로 자유롭게 대화를 나눈 위인이었다. 그는 단 한 번도 나와 피부색이 다르다는 사실을 상기시키지 않았다"라고 말했다.

공자는 "왕의 식탁에서 먹는 것처럼 자신의 식탁에서 먹으라"라고 말했다. 부모가 가정에서 자녀의 예절에 신경 쓴다면 자녀가 밖에서 하는 행동에 충격을 받거나 부끄러워하는 일은 거의 없을 것이다.

제임스 러셀 로웰은 거지에게도 귀족만큼이나 예의 바르게 대했으며, 한번은 한 손풍금 연주자와 이탈리아어로 긴 대화를 나누면서 익숙한 이탈리아 경치에 대해 질문하는 모습이 목격되기도 했다.

런던의 거리 모퉁이를 급히 돌던 한 젊은 여성이 남루한 거지 소년을 향해 힘껏 달리다가 그를 거의 넘어뜨릴 뻔했다. 그녀는 가능한 한 빨리 멈추고 돌아서서 매우 친절하게 말했다. "용서해주겠니, 작은 친구. 너한테 달려가서 정말 미안해." 놀란 소년은 잠시 그녀를 바라보다가 모자를 4분의 3 정도 벗고 낮은 절을 하면서 넓고 즐거운 미소를 띠며 말했다. "용서하겠습니다, 젊은 아가씨. 그리고 환영합니다. 다음번에 저에게 달려들면 저를 쓰러뜨려도 아무 말 하지 않겠습니다." 그 여인이 지나간 후 그는 같이 가던 사람에게 말했다. "짐, 누군가 나에게 용서를 구하는 것은 처음인데, 그 말을 들으니 기분이 좋아졌어."

나폴레옹은 세인트 헬레나에서 무거운 짐을 지고 구부리며 가는 노동자를 위해 정중하게 비키면서 "짐을 생각하세요, 부인. 짐을 생각하세요"라고 말했다. 하지만 나폴레옹과 함께 가던 일행은 좁은 길을 계속 가려고 하는 듯했다.

워싱턴의 한 정치인이 매사추세츠주 마시필드에 있는 대니얼 웹스터를 만나러 갔는데, 그의 집으로 가는 지름길을 골랐다가 건널 수 없는 개울에 이르렀다. 그는 근처에 있는 거칠게 생긴 농부를 불러 동전 한 닢을 줄 테니 강을 건너게 해달라고 부탁했다. 농부는 넓은 어깨에 정치인을 태우고 안전하게 내려 주었지만 동전은 받지 않았다. 몇 분 후 그 노인이 집에 나타났고, 놀랍게도 방문객에게 자신을 웹스터 씨로 소개했다.

개리슨은 등 뒤에서 옷을 찢고 자신을 거리로 끌고 다니는 분노한 군중에게 왕처럼 예의 바르게 행동했다. 그는 고요한 영혼의 사람이었다. 그리스도는 핍박자들에게도 예의를 갖추셨고, 십자가 위에서 끔찍한 고통 속에서 울부짖었다. "아버지, 저들을 사하여 주옵소서. 저들은 자기들이 하는 것을 알지 못합니다." 아그리파 앞에서 한 성 바울의 연설은 설득력 있는 웅변일 뿐만 아니라 품위 있는 예의의 본보기였다.

좋은 매너는 종종 젊은이에게 행운을 가져다준다. 로드아일랜드주 프로비던스의 상인 버틀러 씨는 가게 문을 닫고 집으로 가는 길에 실한 가닥을 원하는 어린 소녀를 만났다. 그는 돌아가서 가게 문을 열고 실을 가져다주었다. 이 작은 사건은 도시 전체에 회자되었고 수백 명의 손님을 불러 모았다. 그는 그 예의 덕분에 부자가 되었다.

볼티모어의 로스 위넌스는 두 명의 낯선 외국인에게 한 예의 덕분에 큰 성공과 부를 얻었다. 비록 그의 공장은 4류 공장에 불과했지만, 방문객에게 아주 세세한 부분까지 친절하게 설명하는 그의 정중함은 대형 시설에서 받는 제한적인 관심과 매우 대조적이어서 그들의 존경을 받았다. 이 낯선 사람들은 러시아 황제가 파견한 러시아인이었는데, 황제는 나중에 위넌스 씨에게 러시아에 기관차 공장을 설립하도록 초청했다. 그는 그렇게 했고, 그의 공손함으로 인한 수익은 연간 10만 달러가 넘었다.

한 가난한 부목사는 한 무리의 거친 소년과 남자들이 옛날 스타일의 옷을 입은 두 명의 늙은 독신녀를 조롱하는 것을 보았다. 그 숙녀들은 당황해 교회에 들어갈 엄두를 내지 못했다. 부목사는 군중을 밀어내고 중앙 통로로 안내한 후 군중의 낄낄거림 속에서 그들에게 지정석을 내주었다. 이 노숙녀들은 부목사와 아는 사이가 아니었지만, 죽었을 때 온화한 부목사에게 큰 재산을 남겼다. 예의는 제값을 한다.

얼마 전 한 여성이 애머스트 대학의 험프리 총장을 만났는데, 그녀는 그의 공손함에 너무 감사해서 대학에 거액의 기부를 했다.

"우리 친구는 왜 사업에서 성공하지 못했을까? 그는 자본도 충분하고 사업에 대한 지식도 해박하다. 뛰어나게 영리하고 현명한데…"라고 오랜만에 뉴욕으로 돌아온 한 남자가 물었다. "그는 신랄하고 침울했다"라는 대답이 돌아왔다. "따라서 어떤 사람도 그를 위해 일하면서 선의나 에너지를 쏟지 않았고, 그의 고객들은 예의가 확실한 가게를 찾았다."

어떤 사람은 성공하기 위해 거의 모든 것을 바쳐 일하며 삶의 일상적 안락도 거부한다. 그러나 그 이면에 있는 비신사적 태도 때문에 성공이 불가능해진다. 그것은 도움을 차버리는 격이다. 따라서 당연히 수월하게 될 수 있었던 사업이, 자격은 다소 부족하지만 더 다정한 자질이 있는 다른 사람에게 돌아간다.

나쁜 매너는 종종 정직, 근면, 최고의 에너지조차 무력화시키는 반면, 유쾌한 매너는 다른 결함에도 불구하고 승리한다. 다른 모든 면에서 동등한 장점을 가진 두 사람이 있다고 가정할 때, 한 사람은 신사적이고 친절하며 의무를 다하고, 다른 한 사람은 불성실하고 무례하고 거칠다면, 전자는 부자가 될 것이고 후자는 굶주릴 것이다.

수천 명의 점원을 고용하고 거의 모든 물건을 판매용으로 보관하고 있는 파리의 거대한 매장인 봉 마르셰는 매너의 사업적 가치를 잘 보여주는 곳이다. 봉 마르셰의 두 가지 특징은 누구에게나 저렴한 가격과 극도의 예의이다. 단순한 예의만으로는 충분하지 않으며, 직원들은 가능한 모든 방법으로 고객을 기쁘게 하고 집과 같은 편안함을 느낄 수 있도록 노력해야 한다. 모든 방문객이 봉 마르셰를 즐겁게 기억할 수 있도록 다른 매장에서 하는 것보다 더 많은 노력을 기울여야 한다. 이 과정을 통해 사업은 세계에서 가장 큰 규모라고 하기까지 발전했다.

한 푼어치의 코담배를 산 어린 거지 소녀에게 "고맙습니다. 또 찾아주세요"라고 했던 광고는 런디 푸트를 백만장자로 만들어주었다.

진정한 교양을 갖춘 사람은 뻣뻣하고 교만하고 내성적이고 거만하다고 생각하지만, 실제로는 그렇지 않다. 그들은 단지 자신감이 부족하고 수줍음이 많을 뿐이다.

수줍음은 종종 우리가 혐오하는 무례한 행동을 하도록 우리를 배신해 우리에게 극심한 수치심과 당혹감을 불러일으킨다는 것은 흥미로운 사실이다. 과도한 수줍음은 완벽한 매너의 장애물로, 극복되어야 하는 대상이다. 그것은 앵글로색슨과 튜턴 종족에게 있는 특징이며, 종종 최고의 문화에 대한 장벽이 되었다. 그것은 가장 훌륭한 조직과 가장 높은 유형의 인류에게 나타나는 질병이다. 수줍음은 거칠고 저속한 사람은 절대 공격하지 않는다.

아이작 뉴턴 경은 그 시대에 가장 수줍음이 많던 사람이었다. 그는 자신에게 관심이 쏠릴까 수년간 자신의 위대한 발견을 알리지 않았다. 그는 달의 운동 이론과 관련하여 자신의 이름을 사용하는 것을 허락하지 않았는데, 이는 그가 만나야 할 지인이 늘어날까 두려웠기 때문이다. 조지 워싱턴은 어색하고 수줍음이 많았으며 시골 사람 같은 분위기를 풍겼다. 와틀리 대주교는 수줍음이 너무 많아서 가능하면 사람들의 눈에 띄지 않으려고 했다. 마침내 그는 포기하고 수줍음을 없애기로 결심하고서 "왜 내가 평생 이 고문을 견뎌야 하는가?"라고 물었는데, 놀랍게도 수줍음이 거의 완전히 사라졌다. 엘리후 버릿은 수줍음이 너무 많아서 부모님의 손님들이 오면 지하실에 숨어 있곤 했다.

무대나 강단에서 연습한다고 해서 수줍음이 사라지는 것은 아니다. 위대한 배우 데이비드 개릭은 법정 증언을 위해 소환된 적이 있었는데, 30년 동안 자신감 넘치는 연기를 해왔음에도 불구하고 너무 당황하고 부끄러워해서 판사가 그를 내보내 버렸다. 존 B. 고프는 초기에 자신감 상실과 대중의 관심으로부터 오는 위축을 떨쳐버릴 수 없었다. 그는 두려움과 떨림 없이 단상에 올라간 적이 없으며 종종 식은땀으로 범벅이 되곤 했다고 말했다.

길거리에서 용감하고, 전투에서는 대포의 입까지 걸어갈 수 있는 용기가 있지만, 응접실에서는 겁쟁이가 되어 사교계에서 감히 의견을 표명하지 않는 중요 인물들이 많다. 그들은 입술을 잠그고 혀를 묶는 사회 규범의 미묘한 폭압을 의식한다. 애디슨*은 가장 순수한 영어 작가 중 한 명이자 펜의 완벽한 장인이었지만 대화에서 열두 단어 이상을 말하면 당황하곤 했다. 셰익스피어는 수줍음이 매우 많았다. 그는 마흔에 런던에서 은퇴했고, 자신의 희곡 중 하나를 출판하거나 보존하려고 하지 않았다. 그는 수줍음 때문에 2급 또는 3급 배역을 맡았다.

일반적으로 수줍음은 자신에 대해 너무 많이 생각하고(이것은 좋은 양육을 위반하는 행위이다) 다른 사람이 자신에 대해 어떻게 생각하는지 궁금해하는 데서 비롯한다.

시드니 스미스는 "나도 한때 수줍음이 매우 많았지만, 얼마 지나지 않아 두 가지 매우 유용한 사실을 발견했다. 첫째, 모든 인류가 나를 관찰하는 데에만 몰두하지 않는다는 것, 둘째, 위장하는 것은 아무 소용이 없다는 것, 즉 세상은 매우 명철해서 어떤 사람의 진정한 가치를 금방 알아본다는 사실을 깨달았다. 이것이 나를 치료했다"라고 말했다.

동료에 대한 친절하고 따뜻한 마음이 가득하면서도 얼음 속에 갇힌 사람처럼 산다는 것은 얼마나 불행한 일인가! 수줍음이 많은 사람은 항상 자신의 능력을 불신하고 자신감 부족을 약점이나 능력 부족으로 여기는데, 사실은 그 반대일 수도 있다. 권투, 승마, 춤, 웅변 등 사회생활에 필요한 기술을 일찍부터 가르치면 수줍음을 극복하는 데 많은 도움

---

* 조지프 애디슨(Joseph Addison, 1672~1719): 영국의 작가이자 정치가이다.

이 될 수 있다.

　수줍음이 많은 사람은 옷을 잘 입어야 한다. 좋은 옷은 태도를 편안하게 하고 혀를 열게 한다. 옷을 잘 입었다는 의식은 종교에서도 주지 않는 편안하고 우아한 태도를 주는 반면, 옷차림이 형편없다는 의식은 종종 자제를 유도한다. 옷의 특색이 시선을 끌기 때문에 채도가 높은 색깔과 유행의 극단을 달리는 옷은 피하고, 비용을 감당할 수 있는 수준의 좋은 소재로 만든 몸에 잘 맞는 옷을 입는 것이 좋다.

　옷차림의 아름다움은 좋은 것이다. 그러나 그것은 더 높은 아름다움을 희생해서는 안 되는 낮은 수준의 아름다움이다. 옷차림에 집착하는 사람은 옷차림을 가장 먼저 생각하고, 옷차림에 가장 많은 시간을 쓰고, 가진 돈을 모두 쏟아붓는다. 그들은 정신이나 마음의 교양, 다른 사람의 요구를 무시하고 옷차림에만 집착한다. 그들은 의무를 소홀히 한 것보다 유행에 맞지 않는 옷차림을 한 것을 더 괴로워한다.

　저명한 변호사이자 하버드를 졸업한 이지키얼 휘트먼이 매사추세츠 주 의원에 당선되었을 때, 그는 시골 사람 복장을 하고 농장에서 보스턴으로 와서 한 호텔로 갔다. 응접실에 들어가 자리에 앉았을 때, 그는 몇몇 신사 숙녀가 나누는 대화를 우연히 엿들었다. "아, 진짜 시골 촌놈이 왔군. 재미있네." 그들은 그에게 조롱하는 듯한 온갖 이상한 질문을 던졌다. 그가 자리에서 일어날 때 말했다. "신사 숙녀 여러분, 건강과 행복을 기원하며, 겉모습은 속임수라는 것을 명심하고 나이가 들수록 더

욱 현명해지기를 바랍니다. 여러분은 내 옷차림을 보고 나를 시골 촌뜨기로 착각했고, 나는 같은 이유로 여러분을 신사 숙녀라고 생각했네요. 실수는 서로에게 있네요." 바로 그때 케일럽 스트롱 주지사가 들어와 휘트먼 씨를 불렀고, 휘트먼 씨는 당황한 일행을 향해 말했다. "아주 좋은 저녁 되시길 바랍니다."

존슨은 "문명화된 사회에서는 외적인 이점이 우리를 더 존경받게 한다. 좋은 외투를 입은 사람은 나쁜 외투를 입은 사람보다 더 좋은 대접을 받는다"라고 말한다.

하느님은 아름다움을 사랑하는 분이시라는 것을 느낄 수밖에 없다. 그분은 그의 모든 작품에 아름다움과 영광의 옷을 입히셨다. 모든 꽃은 풍요로움을 입었고, 모든 들판은 아름다움의 망토 아래서 붉게 물들었으며, 모든 별은 밝게 빛나고, 모든 새는 가장 절묘한 취향의 옷을 입었다.

어떤 사람은 세련된 매너를 일종의 허식으로 여긴다. 그들은 평범하고 견고하며 정사각형의 투박한 성격을 칭송한다. 그들은 정사각형의 석제 블록으로 지은 정돈되고 평범하고 꾸밈이 없는 집을 선호한다고 할 수 있다. 성 베드로 성당은 우아한 기둥과 웅장한 아치, 다양한 색상의 대리석 조각과 새김무늬 덕분에 그 어느 성당보다 강인하고 견고하다.

우리의 매너는 우리의 성격과 마찬가지로 항상 점검을 받는다. 사회에 나갈 때마다 우리는 각 사람의 의견에 따라 저울에 올라서야 한다. 사람들은 무게의 증감을 주의 깊게 살핀다. "이 사람은 올라갈 것인가, 내려갈 것인가? 어느 정도 통과했을까?"라고 묻는다, 예를 들어, 젊은 브라운이 응접실에 들어온다. 참석자들은 모두 그를 평가하며 "이 젊은이는 점점 성장하고 있다. 더 신중하고, 사려 깊고, 예의 바르고, 솔직하고, 부지런해졌다"라고 조용히 말한다. 그 옆에는 젊은 존스가 있다. 그가 빠르게 자리를 잃어가고 있음이 분명하다. 그는 부주의하고, 무관심하고, 거칠고, 눈을 마주치지 않고, 비열하고, 인색하고, 하인들에게 윽박지르지만 낯선 사람에게는 지나치게 예의를 갖춘다.

그렇게 우리는 우리를 아는 모든 사람에게 보이지 않는 꼬리표를 달고 살아간다. 나는 가끔 동료들의 그런 평가를 읽을 수 있다면 큰 도움이 될 것이라고 생각한다. 정의의 저울을 들고 우리의 그림자에 서 있는 또 다른 자아, 영혼 속에 있다가 우리의 눈과 태도로 달려와 우리를 드러내는 그 자아 때문에 우리는 세상을 오랫동안 속일 수 없다.

그러나 매너는 신사의 복장이지만 그의 성격을 구성하거나 최종적으로 결정하지는 않는다. 공손함은 참나무 껍질이 참나무 속을 대신할 수 있는 것처럼 도덕적 우수성을 대신할 수 없다. 그것은 나무의 종류를 잘 나타낼 수 있지만, 그 나무가 건실하거나 썩었다는 것을 보증하지는 않는다. 에티켓은 좋은 매너를 대신할 뿐이며 종종 모조품에 불과하다.

신실함은 좋은 매너의 최고 자질이다.

진정한 매너를 익히고자 하는 분들에게 다음의 방법을 추천한다.

비이기심, 3드라크마
좋은 기운의 팅크, 1온스
마음의 평안 에센스, 3드라크마
샤론의 장미 추출물, 4온스
양심의 거리낌 없는 자선의 기름, 3드라크마
상식과 재치의 주입, 1온스
사랑의 영, 2온스

이기심, 배타성, 비열함 또는 내가 너보다 낫다는 생각이 조금이라도 들 때마다 이 혼합물을 마신다.

황금률을 주셨고 최초의 진정한 신사였던 그분을 본받으라.

13장

재치 또는 상식

"누가 너보다 강한가?" 브러햄이 물었고 포스가 "연설"이라고 대답했다.
• 빅토르 위고

"연설이 기회를 만들고, 기회를 원하면 연설이 주어진다." • 보비

그는 자신의 태도를 시간에 맞출 것이다.
웃고, 듣고, 배우고, 가르치라. • 엘리자 쿡

세상을 아는 사람은 자신이 아는 것뿐만 아니라 모르는 것을 최대한 활용할 것이며, 자신의 학식을 과시하려는 어색한 시도를 하는 현학적 사람보다 자신의 무지를 숨기는 교묘한 방식으로 더 많은 신뢰를 얻을 것이다.
• 콜턴

적당한 능력을 활용하여 이득을 취하는 기술은 칭찬을 받고, 종종 실제

로 명석한 것보다 더 많은 명성을 얻는다.　　　　　　• 로셰푸코

"재치가 거래를 성사한다.
만(灣)에서 나와 항해할 때,
상원에서 표를 얻을 때,
웹스터나 클레이가 있을지라도."

"나는 결코 흑인에게 항복하지 않을 것이다." 한 남부군 장교가 흑인 병사에게 붙잡혔을 때 말했다. "매우 미안하군요, 주인님." 그 흑인은 소총을 겨누며 "그럼 죽여야겠군. 돌아가 백인을 넘길 시간이 없으니까"라고 말했다. 그 장교는 항복했다.

몽테스키외는 "신이 인간에게 두뇌를 주었을 때 그것을 보증할 의도는 없었다"라고 말했다.

에이브러햄 링컨이 처음 국회의원에 출마했을 때 상거먼강 개량을 공약으로 내걸고, 밀밭을 가꾸던 30명의 남성에게 표를 구하러 갔다. 그들은 개량에 대해서는 질문하지 않고 그가 입법부에서 그들을 대표할 수 있는 충분한 근육을 가지고 있는지 궁금해하는 것 같았다. 링컨은 지게를 지고 일행을 이끌고 밀밭을 돌아다녔다. 30명 전원이 그에게 투표했다.

나폴레옹은 요리사에게 "어떻게 그런지 모르겠다"라며 "내가 아침

식사를 호출하면 항상 닭고기가 준비되어 있고 항상 상태가 좋다"라고 놀라워했다. 때로는 8시에, 때로는 11시에 아침을 먹었기 때문에 이것은 그에게 더욱 이상해 보였다. 요리사는 "폐하, 그 이유는 폐하께서 항상 완벽한 상태로 드실 수 있게 30분마다 신선한 닭을 굽기 때문입니다"라고 대답했다.

오늘날에는 재능과 재치가 일치하지 않는다. 우리는 어디에서나 그 실패를 본다. 재치는 한 개의 재능을 조정하여 열 개의 재능이 하는 것보다 더 많은 것을 할 수 있게 한다. "재능은 정오까지 잠들어 있지만 재치는 6시에 일어난다." 재능은 힘이고 재치는 기술이다. 재능은 무엇을 해야 하는지 알고, 재치는 어떻게 해야 하는지 안다.

"재능도 중요하지만 재치가 가장 중요하다. 재치는 제6의 감각은 아니지만 오감의 생명과도 같다. 그것은 열린 눈, 빠른 귀, 판단력 있는 미각, 예리한 후각, 생생한 촉각이며, 모든 수수께끼의 해석자, 모든 어려움의 극복자, 모든 장애물의 제거자이다."

세상은 이론적이고 일방적이며 비실용적인 사람들로 가득하다. 그들은 삶의 모든 에너지를 하나의 재능으로 바꾸어 완전한 대칭적 사람이 아니라 괴물로까지 발전했다. 그러는 사이 다른 재능은 모두 위축되고 죽고 말았다. 우리는 종종 이러한 일방적 사람을 천재라고 부르며, 세상은 다른 사람이 할 수 없는 한 가지 일을 잘하기 때문에 다른 대부분 문제에서 비현실적이고 거의 멍청한 행동을 해도 용서한다. 상인은 응접실에서 바보일지라도 상품에서 거인이면 용서받을 수 있다. 애덤 스미스는 《국부론》에서 세계 경제를 가르칠 수는 있었지만, 자기 집의 재정은 관리하지 못했다.

많은 위인이 일상생활에서 매우 비실용적이었다. 아이작 뉴턴은 창조의 비밀을 읽을 수 있었지만, 고양이를 위해 의자에서 일어나 문을 여는 것이 지겨워 벽판에 두 개의 구멍을 뚫어 큰 구멍은 고양이가, 작은 구멍은 새끼 고양이가 마음껏 통과할 수 있게 했다. 베토벤은 위대한 음악가였지만 셔츠 여섯 벌과 손수건 대여섯 장을 사기 위해 300플로린을 보냈다. 그는 재단사에게 큰돈을 미리 지불했지만 때로 너무 가난해 저녁 식사로 비스킷과 물 한 잔만 먹었다. 그는 돈이 필요하면 채권의 쿠폰*을 잘라 돈을 마련하면 된다는 것을 모를 정도로 장사에 무지해 악기를 통째로 팔았다. 딘 스위프트는 더 실용적인 동급생 스태퍼드가 부자가 된 시골 교구에서 거의 굶어 죽을 뻔했다. 나폴레옹의 장군 중 한 명은 나폴레옹만큼 군사 전술을 잘 이해했지만 사람을 잘 알지 못했고, 다른 장군에게 있는 기술과 재치가 부족했다. 나폴레옹은 쓰러질 수도 있었지만 고양이처럼 제자리로 돌아왔다.

플로리다 사건에서 변론을 맡은 대니얼 웹스터가 서재에 앉아 책을 읽고 있을 때 거액의 새 지폐로 된 1천 달러의 수임료가 전달되었다. 다

---

* 옛날 채권에는 쿠폰 형태로 잘라서 쓸 수 있는 종이가 붙어 있었다. 그 쿠폰을 하나씩 잘라서 채권 발행자에게 갖다주면 돈을 받을 수 있었다.

음 날 그는 그 돈을 쓰고 싶었지만 지폐를 찾을 수 없었다. 그로부터 몇 년 후 책장을 넘기던 중 그는 구김이 없는 지폐를 발견했다. 다음 책장을 넘기면서 또 다른 지폐를 발견했고, 그렇게 책을 읽으면서 무심코 지폐를 맡긴 곳에서 잃어버린 금액을 모두 찾았다. 재무부에서 금화가 새로 발행된다는 사실을 알게 된 그는 비서 찰스 랜먼에게 수백 달러어치를 구해 오라고 지시했다. 하루나 이틀 후 주머니에 손을 넣어 한 개를 꺼내려고 했는데 모두 사라지고 없었다. 웹스터는 처음에는 당황했지만, 곰곰이 생각해 보니 아름다움을 좋아하는 친구들에게 하나씩 주었던 것이다.

뉴잉글랜드에 있는 한 대학의 수학과 교수이자 '책벌레'였던 어떤 사람은 아내로부터 커피를 좀 사오라는 부탁을 받았다. "얼마나 드릴까요?" 상인이 물었다. "글쎄요, 제 아내는 말하지 않았지만 한 부셀* 정도는 괜찮지 않을까요?"

많은 위인이 때때로 상식이 없는 것처럼 보일 정도로 정신이 없었다.

"교수님은 집에 안 계세요." 어둠 속에서 창밖을 내다보던 하인은 레싱이 정신이 나간 채로 자기 집 문을 두드렸을 때 그를 알아보지 못했다. 레싱은 "아, 알겠습니다. 괜찮아요. 다음에 또 올게요"라고 대답했

---

* 미국과 영국에서 무게나 부피를 잴 때 쓰는 단위로서, 미국에서 무게로 치면 약 27.22킬로그램에 해당한다.

다.

　루이 필립은 자신이 유럽에 있는 유일한 통치 군주라고 말했는데, 그 이유는 스스로 부츠를 멋지게 닦을 수 있기 때문이라고 했다. 세상에는 겉보기에는 화려한 재능과 높은 교육을 받았지만 생계를 유지하기 힘든 남성과 여성으로 가득하다.

　얼마 전 호주의 양 농장에서 옥스퍼드, 케임브리지, 독일 대학을 졸업한 세 명의 대학 졸업생이 양을 돌보는 일을 하는 모습이 발견되었다! 사람을 이끌도록 훈련받은 그들은 양을 이끌었다. 농장 주인은 무식하고 거친 양을 키우는 사람이었다. 그는 책이나 이론에 대해서는 전혀 몰랐지만 양에 대해서는 잘 알았다. 그가 고용한 세 명의 졸업생은 외국어를 구사하고 정치경제학이나 철학 이론을 토론할 수 있었지만, 농장 주인은 돈을 벌 수 있었다. 그는 양과 농사에 대해서만 이야기할 수 있었다. 그렇지만 그는 큰돈을 벌 수 있었고, 대학 출신들은 생계를 유지하는 것도 힘들어했다. 대학조차도 상식을 제공하지 못했다. "문화는 무지에 맞서고, 대학은 목장에 맞섰지만, 목장이 매번 이겼다."

　책에서 너무 많은 것을 기대하지 마라. 베이컨은 "학문은 그 용도를 가르쳐주지 않는다. 학문이 없어도 관찰을 통해 얻는 실용적 지혜가 있다"라고 말했다. 책의 쓰임새는 책의 덮개 밖에서 찾아야 한다. 프랑스의 한 위대한 학자를 두고 하는 말이 있다. "그는 자신의 재능에 빠져 죽었다." 실제 경험이 없는 과도한 교양은 사람을 약화시키고 실생활에

부적합하게 만든다. 책으로만 하는 교육은 사람을 너무 비판적이고, 자의식이 강하고, 소심하고, 자신의 능력을 불신하게 만든다. 그것은 실생활의 힘들고 단조로운 일을 하기에는 너무 고상하고 너무 세련되며, 일상생활에 활용하기에는 너무 교양 있는 사람으로 만드는 경향이 있다.

책과 대학의 문화는 세련되지만 종종 윤리적 문화에 불과하며, 그것은 활력과 거친 힘을 희생하여 얻어진다. 책으로만 얻는 문화는 실용적 능력을 마비시키는 경향이 있다. 책벌레는 자신의 개성을 잃고, 머릿속은 이론으로 가득 차고, 다른 사람의 생각으로 가득 차 있다. 시골에서 가져온 활기찬 마음의 체력은 대학에서 증발해버렸다. 졸업할 때, 그는 사람과 사물을 대할 힘을 잃어버렸다. 따라서 기회가 없었지만 생존을 위한 치열한 투쟁에서 단단한 상식과 실용적 지혜를 키운 소년에게 뒤처진다는 사실에 놀라움을 금치 못한다.

대학 졸업생은 종종 목발을 힘으로 착각한다. 그는 상식이 거의 존재하지 않는 이상의 영역에 살고 있다. 세상은 그의 이론이나 백과사전식 지식에 거의 관심이 없다. 이 시대의 외침은 실용적 남성을 위한 것이다.

콜럼버스는 인디언 추장들에게 말했다. "우리는 당신들 사이에 몇 주 동안 머물렀다. 처음에는 우리를 친구처럼 대했지만 지금은 우리를 질투하고 쫓아내려 하고 있다. 당신들은 매일 아침 우리에게 많은 양의 식량을 가져다주었지만, 지금은 거의 주지 않고 날이 갈수록 그 양이 줄어들고 있다. 위대한 정령은 우리에게 약속한 식량을 주지 않는 것에 대해 당신들에게 화가 나 있다. 그분은 분노를 보여주기 위해 태양을 어둠 속에 두실 것이다." 그는 일식이 일어날 것을 알고 일식이 일어날 날짜와 시간을 알려주었지만, 인디언들은 그의 말을 믿지 않았고 식량 공급을 계속 줄였다.

정해진 날, 구름 한 점 없이 해가 떠올랐다. 인디언들은 고개를 저으며 태양 표면에 그림자 하나 없이 시간이 흘러가자 적대감을 노골적으로 드러냈다. 그러나 마침내 태양 한쪽 가장자리에 어두운 점이 보였고, 그 점이 점점 커지자 원주민들은 공포에 질려 콜럼버스 앞에 엎드려 도움을 청했다. 콜럼버스는 가능하다면 그들을 구해 주겠다고 약속하며 천막으로 물러났다. 일식이 사라질 무렵, 그는 밖으로 나와 위대한 정령이 그들을 용서했으며 다시는 자신을 화나게 하지 않는다면 곧 괴물을 태양으로부터 쫓아내겠다고 말했다. 그들은 흔쾌히 약속했고, 해가 그림자에서 빠져나가자 기뻐서 뛰며 춤을 추고 노래를 불렀다. 그 후 스페인 사람들은 필요한 식량을 모두 확보했다.

웬들 필립스는 "상식이란 필연적인 것을 인정하고 그것을 이용하는 것"이라고 말했다.

카이사르는 영국 해변에 상륙했을 때 비틀거리며 모래를 한 움큼 움켜쥐고 승리의 신호로 높이 들어 올리며 그의 몰락을 예고하는 불길한 징조를 추종자들에게 영원히 숨겼다.

괴테는 자신과 셰익스피어를 비교하며 이렇게 말했다. "셰익스피어는 항상 한 번에 정곡을 찌르지만, 나는 찌르기 전에 멈추고 어느 것이 정곡인지 생각한다."

골리앗의 창이나 서투른 힘보다 물맷돌을 던질 줄 아는 다윗에게 있는 시냇가 조약돌 몇 개가 더 효과적이라는 말이 있다.

"인디언을 맞을 준비를 하세요!" 한 남자가 수년 전 오하이오에 있는 무어 가족의 통나무집으로 달려가면서 흥분하며 외쳤다. "그리고 가능한 한 빨리 새 말을 내게 줘요. 어젯밤에 그 사람들이 강에서 한 가족을 죽였는데, 다음에는 어디에서 나타날지 몰라요!"

"어떡하죠?" 무어 부인이 창백한 얼굴로 물었다. "남편이 어제 겨울 용품을 사러 나갔고 내일 아침까지 돌아오지 않을 거예요."

"남편이 외출했다고요? 아! 상황이 안 좋네요! 최대한 입을 다물고 있으세요. 불을 가리고, 오늘 밤에는 불을 피우지 마세요." 그러고는 소년들이 가져온 말에 올라타 다른 정착민에게 경고하기 위해 질주했다.

무어 부인은 어린 오베드와 조를 다락방으로 데리고 가, 그곳에서 지켜보도록 했다. 긴급한 상황에 어쩔 수 없이 그곳에 있게 했다. "그들이 오고 있어, 조!" 이른 저녁, 오베드는 들판을 가로질러 움직이는 그림자 몇 개를 보며 속삭였다. "내가 소총으로 이쪽을 조준할 동안 도끼를 들고 창문 옆에 서 있어." 총알 주머니를 열어 탄알 하나를 꺼냈지만 소총에 비해 너무 커서 기절할 뻔했다. 아버지가 총알 주머니를 잘못 가져간 것이다. 오베드는 찬장에 더 작은 탄알이 있는지 둘러보다 조와 함께 핼러윈등을 만들 때 썼던 아주 큰 호박에 걸려 넘어질 뻔했다. 그러자 전령이 깜짝 놀라 경고 신호를 보냈다. 오베드는 외투를 벗어 눈, 코, 입을 벌리고 웃고 있는 거대한 얼굴 모양의 식물성 등 위에 덮고서, 재에서 꺼낸 살아 있는 석탄불로 등 안에 있는 초에 불을 붙였다. "조금 있으면 전투 신호가 울릴 거야." 그는 덮개를 씌운 등을 창문으로 들어 올리며 속삭였다. "지금이야!" 그가 외투를 벗기며 덧붙였다. 웃는 괴물의 등장에 섬뜩한 비명이 울려 퍼졌고, 인디언들은 숲속으로 거칠게 도망쳤다. "빨리, 조! 다른 쪽에도 불을 붙여! 저게 저렇게 겁을 주는 게 안 보여?" 오베드가 외쳤고, 두 번째 불타는 얼굴이 나타나자 야만인들은 마지막 비명을 지르며 숲속으로 사라졌다. 아침에 무어 씨가 왔지만, 인디언들은 돌아오지 않았다.

설로 위드는 뉴욕 항구에 있는 범선에서 브로드스트리트 호텔까지 트렁크를 등에 지고 다니며 첫 분기 수입을 올렸다. 그는 오늘날 미천한 소년에게도 주어지는 기회를 얻을 수 없었지만, 재치와 직관이 있었다. 그는 사람들을 열린 책처럼 읽고 자신의 뜻대로 조종할 수 있었다. 그는 사심이 없었다. 그의 재치와 기민함으로 당선에 도움을 준 세 명의 대통령으로부터 영국 공사직과 다른 중요한 직책을 제안받았지만, 그는 항상 거절했다.

링컨은 유럽에서 많은 부수를 발행하고 남부 동맹에 동조하는 기사로 국내외에서 위험한 여론을 조성하고 있던 〈뉴욕 헤럴드〉와의 화해를 시도하기 위해 위드를 선택했다. 위드와 베넷은 30년 동안 서로 연락을 주고받은 적이 없었지만, 면담 다음 날부터 강력한 북부 연합 신문이 되었다. 그 후 위드는 분리주의자들의 악의적 영향력에 대응하기 위해 유럽으로 파견되었다. 프랑스 황제는 남부를 선호했다. 그는 찰스턴 항구가 봉쇄되어 프랑스 제조업자들이 대량의 면화를 공급받지 못하기 때문에 매우 분개했다. 그러나 위드는 드물게 재치를 발휘해 그의 견해를 수정하고, 프랑스 국회에 전달하기 위해 준비한 적대적 연설의 어조를 우호적으로 바꾸었다. 위드가 현장에 도착했을 때 영국은 전쟁을 준비하기 위해 밤낮으로 일하고 있었다. 그는 곧 여론의 흐름을 크게 바꾸었다. 위드가 미국으로 돌아온 후 뉴욕시는 위드의 값진 공헌에 감사를 표했다. 그는 사업에서도 똑같이 성공하여 백만 달러의 재산을 모았다.

나폴레옹은 군대가 건너야 하는 다리 없는 강에 도착했을 때 그의 수석 엔지니어에게 "이 강의 폭을 내게 말하라"라고 말했다. "폐하, 그럴 수 없습니다. 제 과학 장비는 군대와 함께 있고, 우리는 군대보다 10마일 앞서 있습니다."

"이 강의 폭을 즉시 측정하라."

"폐하, 합리적으로 생각하십시오!"

"이 강의 폭을 즉시 확인하지 않으면 당신을 해임하겠다."

엔지니어는 헬멧의 가장자리가 눈과 반대편 둑 사이에 일직선이 될 때까지 모자 부분을 아래로 내렸고, 조심스럽게 몸을 꼿꼿하게 유지한 채 한 바퀴 돌아서 가장자리가 자신이 서 있는 둑과 같은 높이에 있는 것으로 보이는 반대편 지점을 보았다. 그는 마지막으로 주목한 지점까지의 거리를 측정하며 말했다.

"이것이 강의 대략적인 폭입니다."

그는 승진했다.

"웹스터 씨. 우리의 가장 저명한 시민의 한 사람인 제임스 씨를 소개하겠습니다." 서부 도시의 한 시장이 이 위대한 정치가가 여행으로 지친 몸이었지만 긴밀하게 연락을 취하지 못해 한 시간이나 늦은 것을 알고서 말했다. "안녕하세요, 제임스 씨?" 웹스터는 자신의 손을 잡기 위해 기다리는 수천 명의 사람을 보면서 기계적으로 물었다. "사실은, 웹스터 씨." 제임스는 매우 침울한 어조로 "저는 그렇게 안녕하지 못합니다"라고 대답했다. "심각한 문제가 아니길 바랍니다." 신처럼 경건한 대니얼이 걱정스러운 어조로 말했다. "글쎄요, 그건 모르겠어요, 웹스터 씨. 저는 류머티즘인 것 같은데, 제 아내는…." "웹스터 씨, 이쪽은 스미스 씨입니다." 시장이 불쑥 끼어들었다. 그는 불쌍한 '제임스'가 군중 속의 무자비한 고독 속에서 안 좋은 건강 상태를 유지하도록 내버려두었다. 그의 전혀 재치 없음이 그를 우스꽝스럽게 만들었다.

"배심원단에 직접 말하세요." 법정에서 소곤소곤한 말로 증언하겠다고 고집하는 증인에게 판사가 말했다. 그 남자는 이해하지 못하고 이전처럼 계속했다. "당신 뒤쪽의 높은 벤치에 앉아 있는 배심원들에게 말하세요." 고개를 돌린 증인은 어색하게 낮은 자세로 허리를 숙이며 "안녕하세요, 여러분"이라고 말했다.

"이게 다 뭐죠?" 나폴레옹이 성당에 있는 은 조각상 열두 개를 가리키며 물었다. "열두 사도"라는 대답이 돌아왔다. 나폴레옹은 "이 조각상을 철거해 녹여 화폐로 만들어서 그들의 선생이 했던 것처럼 선한 일을 하도록 하세요"라고 말했다.

브라운대학교의 한 학생은 "솔로몬의 잠언은 그다지 위대한 지혜를 보여주지 않는다고 생각한다"라며 "나도 좋은 잠언을 만들 수 있을 것 같다"라고 말했다. 웨일랜드 총장은 "알겠다. 내일 아침까지 두 개를 가져오세요"라고 대답했다. 하지만 그는 가져오지 못했다.

"명성을 얻을 수 있으니 우리를 위해 강의해 주시겠습니까?" 젊은 헨리 워드 비처가 서부의 한 청년 기독교 협회로부터 전보를 받았다. "네, 명성이지요(F. A. M. E.). 50달러와 여비입니다(Fifty And My Expenses)"라고 이 영리한 젊은 설교자가 답장을 보냈다.

몽테뉴는, 외동아들의 갑작스러운 죽음에 신에 대한 분노를 표출하며 2주 동안 자신의 영토 전체에서 기독교 종교를 폐지한 한 군주에 대해 이야기한다.

재능과 천재성을 뛰어넘는 재치, 즉 상식의 승리는 어디에서나 볼 수 있다. 월폴은 무학이었고, 샤를마뉴는 자신의 이름을 겨우 해독할 수 있을 정도밖에 글을 쓰지 못했지만, 이 거인들은 사람과 사물을 잘 알고 세상을 움직인 실용적 지혜와 재치를 지니고 있었다.

알렉산드로스처럼 재치는 풀 수 없는 매듭을 끊어내고 군대를 영광스러운 승리로 이끈다.* 실용적인 사람은 기회를 볼 뿐 아니라 사로잡는다. 설명하기 어려운 어떤 자질이 있는, 인생에서 큰 상을 받은 위대한 승자이다. 나폴레옹은 화약을 만드는 것까지 전쟁 기술에서 자기 손으로 무엇이든 할 수 있었다. 사도 바울은 몇 명이라도 구원하기 위해 모든 것을 모든 사람에게 열어 두었다. 야자나무는 모든 나무 중에서 가장 곧고 흔들리지 않게 자라지만, 남아메리카의 울창한 숲에서는 생명을 주는 태양 광선을 빼앗기지 않기 위해 기는 나무로 변해 빛에 가장 가까운 줄기를 타고 올라간다고 한다.

생계를 유지할 수 없었던 한 농부가 농장의 절반을 한 젊은이에게 팔았는데, 그 젊은이는 그 절반으로 돈을 벌어 나머지를 사버렸다. 노인이 어떻게 다른 사람이 실패한 곳에서 그렇게 성공할 수 있었냐고 묻자 청년은 "당신은 재치가 없다"라고 대답했다.

케이프 코드의 한 목사가 4월에 오랜 관습에 따라 땅을 놓고 기도를

---

* 알렉산드로스 대왕이 소아시아 원정을 떠났을 때 프리기아의 수도 고르디움에 도착한다. 그곳의 신전에는 매듭으로 단단히 묶여 있는 고르디우스의 마차가 있었다. 그 마차의 매듭을 푼 사람이 소아시아의 지배자가 된다는 이야기가 있었다. 알렉산드로스는 매듭을 풀지 않고 칼로 잘라 버렸다. 재치 있는 방법으로 문제를 해결하는 것을 가리킬 때는 쓰는 비유이다.

해달라는 요청을 받았다. 그는 "아니요"라고 말하면서 땅을 보여주며 "이 땅은 기도가 아니라 거름이 필요합니다"라고 말했다.

   사람을 있는 그대로 보려면 올바른 각도로 볼 때까지 빙글빙글 돌려야 한다. 사진을 찍을 때처럼 좋은 빛이 비치는 곳에 놓으라. 올바른 각도를 얻으면 우수성과 결함이 나타난다. 우리의 옛 학교 친구들이 실제 생활의 순위에서 어떻게 자리를 바꿨는지! 반을 이끌고 모두의 부러움을 샀던 소년은, 느리고 멍청하다고 불렸지만 세상에 잘 적응할 수 있는 일종의 둔한 에너지가 있던 불쌍한 멍청이와 거리를 두었다. 반장은 이론적 지식만 가지고 있어 시대의 엄격한 현실에 대처할 수 없었다. 천재일지라도, 아무리 빨리 달릴지라도, 필수 세부 사항을 하나도 놓쳐서는 안 되며, 말처럼 기꺼이 일하려는 마음가짐이 있어야 한다.

   셰익스피어는 놀라운 재치를 지니고 있었으며 모든 것을 연극에 녹여냈다. 그는 왕과 신하, 바보와 사기꾼, 왕자와 농민, 흑인과 백인, 순수한 것과 불순한 것, 단순한 것과 심오한 것, 열정과 개성, 명예와 불명예 등 모든 것을 자신의 시야에 들어오는 대로 갈아서 물감으로 만들어 거대한 캔버스 위에 펼쳐 놓았다.

   어떤 사람은 사소한 모욕에도 분노하는 재치 없는 모습을 보이기도 한다. 그들은 연설가나 편집자와 논쟁을 벌이는데, 이는 마치 돈키호테가 풍차와 싸우는 것 같은 실수를 범하는 일이다. 누가 이 논쟁에서 최종적으로 유리한 고지를 점할 수 있는지는 분명하다. 워싱턴의 성격에서 가장 큰 힘의 요소 중 하나는 부당하게 공격당하거나 조롱당할 때의 인내심에서 발견되었다.

아르테무스 와드는 이 거품을 날카로운 펜으로 건드린다.

"대통령들의 고향인 버지니아주의 어느 마을에서 나는 사람의 탈을 쓴 한 편집자에게 당황스러운 일을 당했다. 그는 내 공연이 너무 비싸다고 했다. 나를 도시적이고 신사적인 매니저라고 불렀지만, 내가 모든 면에서 페어플레이를 보여줄 목적으로 내 광고 전단을 인쇄하기 위해 다른 사무실에 갔을 때, 이 멍청한 편집자는 인디언처럼 어조를 바꾸어 나를 욕하는 것 외에는 할 줄 아는 게 없었다. 그는 내 밀랍 인형이 바보 같다고 했으며, 나를 호리호리한 순회 방랑자라고 불렀다. 나는 그놈을 '벤케이 보이'라고 부르고 싶었지만, 그놈이 신문에 나를 너무 비겁하게 쓴 것을 생각하니 포기하고, 나는 이 글을 통해 사람들이 이 비참한 신문에 관심을 주지 말라고 조언하고 싶었다. 무엇보다도 이런 종류의 편집자를 공격하지 마시오. 그가 원하는 대로 명성만 높여줄 뿐, 차라리 다른 진흙탕에 뛰어드는 것이 낫다. 편집자는 대체로 훌륭한 사람들이지만 모든 무리에는 검은 양이 있기 마련이다."

존 제이컵 애스터는 놀라운 수준의 실용적 재능을 지녔다. 미국으로 향하던 중 폭풍우가 몰아쳤을 때 다른 승객은 언제 가라앉을지 모른다는 절망감에 갑판 위를 뛰어다녔지만, 젊은 애스터는 배가 침몰해 자신이 구조되더라도 가장 좋은 옷 한 벌이라도 건지겠다며 침착하게 아래로 내려가 가장 좋은 옷을 입었다.

한 유대인 여행자가 "유대인의 장사 재능은 유럽뿐만 아니라 미국에서도 그들을 전면에 내세우고 있다"라며 "적어도 특정 장사 분야에서는 어떤 것도 그들의 지위를 대신할 수 없게 되었다"라고 말했다.

"그들은 분명 전면에 나오고 있죠." 그의 동료가 대답했다. "그런데 당신은 왜 항상 재능에 대해서만 말하나요?"

"당신은 그것을 재능이라고 생각하지 않습니까?"

"재능이요? 아니죠! 그것은 천재성입니다. 재능과 천재성의 차이를 말씀드리죠. 어떤 사람이 가게에 들어가 그곳에도 있는 것을 파는 것은 재능입니다. 하지만 그곳에 없는 것을 판다면 그건 천재성입니다. 그것이 우리 민족이 가진 천재성이죠."

14장

끈기의 보상

모든 고귀한 일은 처음에는 불가능하다.   •칼라일

승리는 가장 끈질긴 자의 것이다.   •나폴레옹

대부분의 일에서 성공은 성공하는 데 걸리는 시간을 아는 데 달려 있다.
   •몽테스키외

끊임없는 추진력과 확신은 어려움을 극복하고 불가능해 보이는 것을 가능하게 한다.   •제러미 콜리에

"물처럼 제멋대로인 너는 탁월하지 못하리라."

절대로 긴장을 늦추지 않는 신경, 절대로 흔들리지 않는 눈, 절대로 방황하지 않는 생각, 이것이 승리의 주인이다.   •버크

"구덩이가 나를 향해 솟구쳤어!" 에드먼드 킨은 떨고 있는 아내에게 달려가면서 격한 감정에 휩싸여 외쳤다. "메리. 당신은 마차를 타고, 찰스는 이튼으로 가야 해!" 그는 자기 직업에 관한 연구에 진지하게 몰두해 마침내 그의 세대에 발자취를 남겼다. 그는 선천적으로 거친 목소리가 있는 약간 어두운 사람이었지만, 젊었을 때 매싱어의 극에 나오는 자일스 오버리치 경의 캐릭터를 연기하기로 결심했다. 이유는 다른 사람이 연기한 적이 없기 때문이었다. 어떤 것도 막을 수 없을 것 같은 끈기로 그는 그 캐릭터를 연기하기 위해 자신을 훈련했다. 마침내 성공했을 때 그의 성공은 압도적이었으며, 런던 전체가 그의 발 아래에 있었다.

셰리던이 의회에서 첫 연설을 마친 후 기자 우드폴은 "유감스럽지만 이 일은 당신과 맞지 않는 것 같습니다. 예전에 하던 일을 더 충실히 하는 게 좋겠습니다"라고 말했다. 셰리던은 고개를 숙인 채 잠시 생각에 잠기다 고개를 들어 "그것은 내 안에 있고, 내 밖으로 나올 것입니다"라고 말했다. 연설가 폭스가 하원 역사상 최고의 연설이라고 불렀던 워렌 헤이스팅스에 대한 비난은 바로 이 사람에게서 나왔다.

1828년 18살의 나이에 프랑스 남부의 고향을 떠난 베르나르 팔리시는 "내게는 누구에게나 열려 있는 하늘과 땅 외에 다른 책이 없었다"라고 말했다. 유리 화가에 불과했지만 그는 예술가의 영혼을 가졌다. 우아한 이탈리아 컵은 그의 존재를 흔들었고, 그 순간부터 컵에 윤기가 나게 하는 에나멜을 발견하겠다는 결심이 그를 뜨겁게 사로잡았다. 수년 수개월에 걸쳐 그는 에나멜을 만드는 재료를 배우기 위해 모든 종류의 실험을 시도했다. 그는 용광로를 만들었지만 실패했다. 두 번째 용광로는 너무 많은 나무를 태우고, 너무 많은 유약을 쓰고, 일반 토기 그릇도 너무 많이 망쳐버렸다. 시간 또한 너무 많이 잃었다. 가난이 그의 얼굴을 응시했고, 연료를 살 능력이 부족해 일반 용광로에서 실험을 시도할 수밖에 없었다. 결과는 실패였지만, 그는 그 자리에서 다시 시작하기로 결심해 곧 300개의 그릇을 구워냈고, 그중 하나에서 아름다운 에나멜이 덮여 나왔다.

그는 발명을 완성하기 위해 벽돌을 등에 지고 옮겨서 유리 용광로를 만들었다. 마침내 시험할 때가 되었지만, 6일 동안 불을 지펴도 에나멜은 녹지 않았다. 그의 돈은 모두 사라졌다. 그는 돈을 빌려서 그릇과 나무를 더 사 더 좋은 용매(溶媒)를 얻으려고 노력했다. 그렇게 불을 붙였어도 연료가 떨어질 때까지 아무런 결과도 얻지 못했다. 그는 정원 울타리의 널빤지까지 뜯어 불을 지폈지만 헛수고였다. 그의 가구도 쓸모가 없었다. 그런 다음 식료품 저장실의 선반을 부숴 용광로에 집어넣었더니 엄청난 열이 에나멜을 녹였다. 위대한 비밀이 밝혀졌다. 끈기가 다시 승리한 것이다.

한 출판사는 에이전트에게 "2주 동안 책을 한 권도 팔지 못하면서도 열심히 일한다면 당신은 그걸로 성공할 수 있다"라고 썼다.

칼라일은 "네 일을 알고 실행하라. 헤라클레스처럼 일하라"라고 말한다.

레이놀즈는 "그림이나 다른 예술 분야에서 탁월해지기로 결심한 사람이라면 아침에 일어나서 잠자리에 들 때까지 한 가지 일에 온 마음을 쏟아야 한다"라고 말했다.

화가 터너는 "내게는 노력 외에는 다른 비결이 없다"라고 말했다.

윌리엄 워트는 "두 가지 일 중 무엇을 먼저 할 것인지 끊임없이 망설이는 사람은 둘 다 할 수 없다. 결심했지만 친구의 반대에 따라 결심이 바뀌는 사람, 즉 의견에서 의견으로, 계획에서 계획으로, 풍향계처럼 바람이 바뀔 때마다 변덕스럽게 변하는 사람은 위대하거나 유용한 어떤 것도 성취할 수 없다. 그는 어떤 일도 성취하기는커녕 기껏해야 정체되어 있을 뿐이며, 어쩌면 모든 면에서 퇴보하고 있을지 모른다"라고 말했다.

인내심은 이집트 평원에 피라미드를 세우고, 예루살렘에 화려한 성전을 세우고, 중국 제국을 굳건히 지키고, 폭풍우가 몰아치고 구름이 덮인 알프스산맥을 넘고, 대서양의 거친 물을 뚫고 길을 냈으며, 새로운 세계의 숲을 평평하게 만들고 거기에 국가와 공동체를 세웠다. 인내심은 대리석 덩어리에서 천재의 정교한 창조물을 만들어냈고, 캔버스에 자연의 화려한 모방을 그렸으며, 금속 표면에 그림자의 보이지 않는 실체를 새겨 넣었다. 인내심은 수백만 개의 스핀을 움직이고, 수많은 비행기구에 날개를 달았으며, 수천 마리의 철제 군마에 화물차를 연결해 마을과 나라를 날아다니고, 화강암 산에 터널을 뚫어 번개처럼 빠른 속도로 공간을 없앴다. 100여 개 국의 돛으로 전 세계 바다를 하얗게 물들이고, 모든 바다를 항해하고, 모든 땅을 탐험했다. 수천 가지 형태의 자연을 과학으로 환원하고, 법칙을 가르치고, 미래의 움직임을 예언하고, 밟지 않은 공간을 측정하고, 무수히 많은 세계를 세고, 거리, 치수, 속도를 계산했다.

느린 페니가 빠른 달러보다 안전하다. 느림보 경주자가 빠른 경주자를 이긴다. 천재는 튀어 나가고 펄럭이고 지치지만, 인내는 견디고 승리한다. 하루 종일 경주에 임하는 말이 승리한다. 오후부터 술 마시는 남자는 월계관을 벗는다. 마지막 한 방이 승부를 결정짓는다.

"당신의 발명은 종종 뛰어난 직관입니까?" 토머스 A. 에디슨에게 한 기자가 물었다. "밤에 잠을 자고 있을 때 그런 영감이 떠오르나요?"

"저는 가치 있는 일을 우연히 한 적이 한 번도 없습니다. 축음기를 제외하고 제 발명품 중 어떤 것도 우연에 의해 나온 것이 없어요. 아니요, 저는 어떤 결과를 얻을 가치가 있다고 결정하면 그 결과를 얻기 위해 계속 시도합니다. 저는 상업적으로 유용한 발명이라는 선을 항상 엄격하게 지켰습니다. 저는 대중의 관심을 끄는 신기한 물건으로서의 가치만 있는 전기적 경이로움을 만들 시간이 없었습니다. 저는 이게 좋습니다"라고 위대한 발명가는 계속 말했다. "다른 이유는 모르겠어요. 한번 시작한 일은 항상 머릿속에서 떠나지 않고 완성될 때까지 계속 생각나기 때문이죠."

토머스 앨바 에디슨*

이처럼 자기 일에 전적으로 헌신하는 사람은 반드시 무언가를 성취할 수 있으며, 능력과 상식이 있다면 성공할 수 있다.

불워가 자신의 명백한 운명과 씨름하며 그것을 어떻게 바꾸었던지! 그의 첫 소설은 실패했고, 초기 시(詩)는 실패했으며, 젊은 시절의 연설은 상대방의 조롱을 불러일으켰다. 하지만 그는 조롱과 패배를 딛고 명성을 얻기 위해 싸웠다.

---

* Thomas Alva Edison(1847~1931): 미국의 발명가

기번은 《로마 제국의 쇠퇴와 몰락》을 20년에 걸쳐 작업했다. 노아 웹스터는 사전을 만드는 데 36년을 보냈다. 단어의 수집과 정의에 평생을 바친 그의 인내심은 얼마나 숭고한가! 조지 뱅크로프트는 《미국 역사》를 집필하는 데 26년을 보냈다. 뉴턴은 《고대 국가 연대기》를 15번이나 고쳐 썼다. 티치아노는 찰스 5세에게 "7년 동안 거의 매일 작업한 〈최후의 만찬〉을 폐하께 올립니다"라고 썼다. 그는 〈피에트로 마르틴〉을 8년 동안 작업했다. 조지 스티븐슨은 기관차를 완성하는 데 15년, 와트는 콘덴싱 엔진을 만드는 데 20년을 투자했다. 하비는 혈액 순환에 관한 발견을 발표하기까지 8년이라는 시간을 연구했다. 당시 그는 동료 의사들로부터 두뇌가 엉망인 사기꾼으로 불렸다. 학대와 조롱을 받으며 25년을 기다린 끝에 그는 자신의 위대한 발견이 학계에서 인정받게 되었다.

뉴턴은 21살이 되기 전에 만유인력의 법칙을 발견했지만, 지구 둘레를 측정하는 과정에서 약간의 오차가 발생하여 이론의 정확성을 입증하는 데 방해를 받았다. 20년 후 그는 오류를 수정하고, 사과를 땅에 떨어뜨리는 것과 같은 법칙에 따라 행성들이 궤도를 따라간다는 것을 보여주었다.

위대한 배우 소테른은 연극 경력 초기에 무능하다는 이유로 해고를 당했다고 한다.

존 러스킨은 조슈아 레이놀즈의 말을 인용해 "천재성에 의존하지 마

라. 재능이 있다면 근면이 그것을 향상시킬 것이고, 재능이 없다면 근면이 부족한 부분을 채워줄 것"이라고 말했다.

야만족들은 적을 정복하면 적의 영혼이 자기 안으로 들어와 그 이후로는 자기를 위해 싸운다고 믿는다. 그렇게 정복의 영혼은 우리 안에 들어와 다음 승리를 돕는다.

블뤼허는 어제 리그니에서 패퇴했지만, 오늘은 워털루에서 그의 총소리로 옛 정복자들에게 공포와 죽음을 던지고 있다.

반대되는 상황은 힘을 만들어낸다. 반대는 우리에게 더 큰 저항의 힘을 준다. 하나의 장벽을 극복하면 다음 장벽을 극복할 수 있는 더 큰 능력이 생긴다.

1492년 2월, 백발의 한 가난한 남자가 낙담한 듯 고개를 거의 노새 뒤까지 숙이고 알람브라 궁전의 아름다운 관문을 천천히 걸어 나갔다. 소년 시절부터 그는 지구가 둥글다는 생각에 사로잡혀 있었다. 그는 바다에서 400마일 떨어진 곳에서 발견된 조각난 나무 조각과 포르투갈 해안에서 발견된 지금까지 알려진 것과는 다른 두 사람의 시신이 서쪽 미지의 땅에서 표류해 왔다고 믿었다. 하지만 탐험을 위한 항해에 필요한 원조를 받으려는 그의 마지막 희망은 실패로 돌아갔다. 포르투갈의 왕 주앙은 그를 도울 생각인 척하면서 비밀리에 탐험대를 보냈다.

그는 굶주림을 면하기 위해 빵을 구걸하면서 지도와 차트를 그렸다. 아내를 잃었으며, 친구들은 그를 미쳤다고 부르며 버렸다. 페르디난드와 이사벨라가 소집한 현자 회의는 서쪽으로 항해하여 동쪽에 도달한다는 그의 이론을 조롱했다.

"하지만 해와 달은 둥글잖아요. 지구는 왜 안 되죠?"라고 콜럼버스가 물었다.

"지구가 공이라면 지구를 지탱하는 것은 무엇일까요?" 현자들이 물었다.

"무엇이 해와 달을 떠받치고 있죠?" 콜럼버스가 물었다.

"그런데 어떻게 사람이 천장에 파리처럼 고개를 숙이고 발을 들고 걸을 수 있을까요? 나무는 어떻게 뿌리를 공중에 두고 자랄 수 있습니까?" 한 학식 높은 의사가 물었다.

또 다른 철학자는 "연못에서 물이 다 빠져나가면 우리는 떨어져야 합니다"라고 말했다.

한 성직자는 "이 교리는 '하늘이 마치 휘장처럼 펼쳐져 있다'라는 성경 말씀과 어긋난다. 당연히 평평한데 둥글다고 말하는 것은 이단이다"라고 말했다.

콜럼버스는 절망에 빠진 채 알람브라 궁전을 떠나 샤를 7세에게 자신의 원정을 제안하려고 했지만, 누군가 뒤에서 자신을 부르는 소리를 들었다. 그의 한 오랜 친구가 이사벨라 여왕에게 그 선원의 믿음이 사실로 밝혀지면 적은 비용을 들여 그녀의 통치에 큰 명성을 더할 수 있다고 말했던 것이다. "좋아요. 그렇게 하죠." 이사벨라가 말했다. "제 보석을 담보로 돈을 모을게요. 그를 다시 부르세요."

콜럼버스는 방향을 틀었고, 그와 함께 세상을 바꿨다. 어떤 선원도 자발적으로 가려 하지 않았기 때문에 왕과 여왕이 그들을 강요했다. 사흘 후, 어선보다 조금 더 큰 핀타호는 방향타가 고장 났다는 조난 신호를 보냈다. 선원들은 공포에 휩싸였지만 콜럼버스는 인도에서 가져온 금과 보석으로 그들의 두려움을 진정시켰다. 카나리아 제도에서 서쪽으로 200마일 떨어진 곳에서 나침반은 더 이상 북극성을 가리키지 않았다. 선원들은 반란을 일으킬 준비가 되어 있었지만 그는 북극성이 정확히 북쪽에 있지는 않다고 말했다. 고국에서 2,300마일이나 떨어져 있었지만 1,700마일 떨어져 있다고 말했다. 열매가 달린 나뭇가지들이 떠다니고, 육지 새들이 가까이 날아들고, 신기하게 조각된 나무 조각을 물에서 건졌다. 10월 12일, 콜럼버스는 서쪽 세계에 카스티야 왕국의 깃발을 치켜올렸다.

디킨스는 "내가 그 엄청난 속기 작업을 얼마나 열심히 했는지, 그리고 그에 따라 얼마나 대단하게 발전했는지"라고 말했다. "나는 인생의 그 시기에 내가 이전에 인내심에 관해 쓴 것에 성숙하기 시작한 끈기 있고 지속적인 에너지를 더할 뿐이었다"라고 말했다.

사이러스 W. 필드가 대서양 해저에 케이블을 설치하면 유럽과 미국 사이에 전신 통신을 구축할 수 있다는 생각에 사로잡혔을 때, 그는 이미 많은 재산을 가지고 사업에서 은퇴한 상태였다. 그는 온 힘을 다해 이 사업에 뛰어들었다. 사전 작업에는 뉴욕에서 뉴펀들랜드의 세인트 존스까지 1,000마일 길이의 전신선 건설이 포함되었다. 그들은 **빽빽한 숲**을 뚫어 뉴펀들랜드를 가로지르는 400마일의 도로와 전신선을 건설해야 했다. 케이프 브레튼 섬을 가로지르는 140마일의 또 다른 구간은 세인트로렌스 만을 가로지르는 케이블 설치와 마찬가지로 엄청난 노동력이 필요했다.

그는 열심히 노력한 끝에 영국 정부의 지원을 확보했지만, 의회에서 강력한 반대에 부딪혀 그의 법안이 상원에서 겨우 과반 찬성을 얻을 뿐이었다. 케이블은 세바스토폴에 있는 영국 함대의 기함 아가멤논호와 미 해군의 웅장한 신형 호위함 나이아가라호에 실렸지만, 5마일의 케이블을 내린 뒤 기계에 걸려 끊어지고 말았다. 두 번째 시도에서는 바다에서 200마일을 항해하던 중 갑자기 전류가 소실되었다. 사람들은 마치 죽음을 목전에 둔 것처럼 긴장하고 슬퍼하며 갑판을 서성였다. 필드 씨가 케이블을 자르라는 명령을 내리려는 순간, 전류는 빠르고 신비롭게 다시 돌아왔다. 다음 날 밤, 배가 시속 4마일의 속도로 움직이고 케이블이 6마일의 속도로 깔리고 있을 때 증기선이 심하게 흔들리는 순간 브레이크를 급하게 밟아 케이블이 끊어졌다.

필드는 포기할 사람이 아니었다. 700마일의 케이블을 더 주문했고, 뛰어난 기술을 가진 한 남자가 그 긴 줄을 더 잘 감을 수 있는 기계를 고안하는 작업에 착수했다. 미국과 영국의 발명가들이 힘을 합쳐 기계를 만들었다. 마침내 대서양 한가운데서 케이블의 두 반쪽이 연결되고 증기선이 분리되기 시작했는데, 한 척은 아일랜드로 향하고 다른 한 척은 뉴펀들랜드로 향하면서 각각 두 대륙을 하나로 묶어줄 귀중한 실을 내려놓을 것이었다. 그러나 배들이 3마일도 떨어지기 전에 케이블이 끊어졌다. 다시 연결되었지만 두 배가 80마일 떨어져 있을 때는 전류가 끊어졌다. 세 번째로 케이블을 연결하고 약 200마일을 이동한 후 아가멤논호에서 약 20피트 떨어진 지점에서 케이블이 끊어졌고, 배들은 아일랜드 해안으로 돌아왔다.

감독들은 낙담했고, 대중은 회의적이었으며, 자본가들은 겁을 먹었지만, 거의 먹지도 자지도 않고 밤낮으로 일한 필드 씨의 불굴의 에너지와 설득이 없었다면 프로젝트 전체가 포기되었을 것이다. 마침내 세 번째 시도가 성공하여 전체 케이블이 끊어지지 않고 설치되었지만, 갑자기 전류가 멈추면서 약 2,100마일 바다에 걸쳐 여러 개의 메시지가 번쩍였다.

이제 믿음은 사이러스 필드와 한두 명의 친구를 제외하고 죽은 것처럼 보였다. 하지만 그들은 끈질기게 노력하여 사람들의 더 나은 판단에 반하는 것처럼 보이는 새로운 시도를 위해 자본을 제공하도록 사람들을 설득했다. 새롭고 우수한 케이블이 그레이트 이스턴호에 실렸고, 배는 천천히 바다로 나가면서 케이블을 깔았다. 뉴펀들랜드에서 600마일까지는 모든 것이 순조로웠는데, 케이블이 끊어지고 침몰해버렸다. 몇 차례의 인양 시도 끝에 이 사업은 1년 동안 방치되었다.

이러한 모든 어려움에도 낙담하지 않고 필드는 의지를 가지고 새로운 회사를 세워 이전에 사용했던 케이블보다 훨씬 뛰어난 케이블을 만들어 1866년 7월 13일 뉴욕에 다음과 같은 메시지를 보내면서 그 시도를 시작했다.

"흡족하다, 7월 27일.
우리는 오늘 아침 9시에 이곳에 도착했다. 모두 괜찮다. 감사하다! 케이블이 설치되었고 완벽하게 작동한다.
사이러스 W. 필드"

오래된 케이블을 인양하여 연결한 후 뉴펀들랜드까지 이었고, 두 케이블은 여전히 작동 중이며 수년 동안 유용하게 사용할 수 있을 것으로 예상된다.

우리는 요한계시록에서 다음과 같이 읽는다. "이기는 자는 내 보좌에 나와 함께 앉게 하리라."

성공한 사람들은 타고난 능력이나 친구, 주변의 유리한 환경보다는 인내심에 더 큰 빚을 졌다고 한다. 천재성은 노동의 곁에서 흔들리고, 거대한 힘은 위대한 근면에 굴복할 것이다. 재능도 바람직하지만 인내가 더 중요하다.

"연주를 배우는 데 얼마나 걸렸습니까?" 제라디니의 한 청년이 물었다. 위대한 바이올리니스트는 "20년 동안 하루 12시간씩 연습했습니다"라고 대답했다. 라이먼 비처는 "하느님의 정부"에 관한 유명한 설교를 쓰는 데 얼마나 걸렸느냐는 질문에 "약 40년"이라고 대답했다.

거듭된 실패로 낙담한 한 중국인 학생이 절망에 빠져 책을 버리던 중, 한 가난한 여인이 철봉을 돌에 문질러 바늘을 만드는 것을 보았다. 그는 이 인내를 보고서 다시 결심해 공부에 매진했고, 중국 3대 학자 중 한 명이 되었다.

말리브랑은 이렇게 말했다. "하루만 연습을 게을리해도 내 실력의 차이를 알 수 있고, 이틀을 게을리하면 친구들이 알 수 있으며, 일주일을 게을리하면 온 세상이 내 실패를 알게 된다." 지속적이고 끈질긴 노력으로 그녀는 놀라운 힘의 대가로 알려지게 되었다.

동인도의 한 소년은 양궁을 배울 때 화살을 만져보기 전에 귀에 활시위를 당기는 연습을 3개월 동안 해야 했다.

벤저민 프랭클린은 목표에 대한 집념을 놀라운 수준으로 발휘했다. 필라델피아에서 인쇄 사업을 시작할 때 그는 손수레를 끌고 거리를 다니며 인쇄물을 운반했다. 그는 방 하나를 사무실, 작업실, 수면실로 사용했다. 그는 도시에서 강력한 경쟁자를 발견하고 그를 자신의 방으로 초대했다. 그는 방금 저녁을 먹은 빵 한 조각을 가리키며 말했다. "당신이 나보다 더 쓰지 않고서 살 수 없다면 나를 굶겨 죽일 수 없다."

칼라일이 《프랑스 혁명사》를 집필하는 동안 겪은 불행은 누구나 잘 알고 있다. 첫 번째 책이 출판될 준비가 된 후, 그는 원고를 이웃에게 빌려주었는데, 그 이웃이 원고를 바닥에 두었고 하녀가 그것을 불쏘시개로 써버렸다. 비통한 실망이었지만 칼라일은 포기할 사람이 아니었다. 그는 수개월 동안 수백 권의 권위 있는 문헌과 수많은 원고를 샅샅이 조사한 끝에 불에 탄 원고를 몇 분 만에 재현했다.

자연주의자 오듀본은 2년 동안 총과 공책을 들고 미국의 숲을 돌아다니며 새를 그렸다. 그는 이 모든 것을 상자에 넣고 못으로 단단히 뚜껑을 닫은 뒤 휴가를 떠났다. 돌아와서 상자를 열어보니 그의 아름다운 그림 속에 노르웨이 쥐가 둥지를 틀고 있었다. 그림이 모두 망가져 있었다. 끔찍한 실망이었지만 오듀본은 총과 공책을 들고 숲으로 향했다. 그는 그림을 다시 그렸는데 처음보다 훨씬 더 잘 그렸다.

디킨스가 자신의 작품 중 하나를 공개적으로 읽어 달라는 요청을 받았을 때, 그는 공개적으로 읽기 전 6개월 동안 매일 작품을 읽는 습관을 들이기 때문에 시간이 없다고 대답했다. 그는 "평범하고 겸손하며 인내심을 갖고 끈질기게 관심을 기울이는 습관이 없었다면 내 발명품은 지금과 같은 성과를 거두지 못했을 것이다"라고 말했다.

애디슨은 《스펙테이터》를 시작하기 전에 세 권의 원고를 쌓아 올렸다.

누구나 결단력 있고 끈질긴 사람을 존경한다. 마커스 모튼은 매사추세츠 주지사 선거에 16번이나 출마했다. 마침내 그의 반대자들은 그의 용기에 감탄하여 그에게 투표했고 그는 과반수로 선출되었다! 그런 끈기는 언제나 승리한다.

웹스터는 필립스 엑서터 아카데미의 학생이었을 때 학생들 앞에서 연설할 수 없었다고 말했다. 그는 연설문을 하나씩 써서 방에서 연습했지만, 아카데미에서 자신의 이름이 불리고 모든 시선이 자신을 향하면 방이 어두워지고 알고 있던 모든 것이 머릿속에서 사라져 버렸다고 했다. 그렇지만 그는 미국의 위대한 연설가가 되었다. 그가 상원에서 해인(Hayne)에게 했던 훌륭한 답변을 고대 그리스의 웅변가 데모스테네스가 정말로 능가할지는 의문이다. 웹스터의 끈기는 아카데미에서 발생한 상황으로 설명된다. 교장은 비둘기를 쏘아 죽인 그에게 베르길리우스를 100줄 읊으라는 벌을 내렸다. 그는 교장 선생님이 그날 오후에 기차를 타러 간다는 것을 알고 방으로 가서 700줄을 외웠다. 그는 기차 시간 직전에 교장 선생님께 암송하러 갔다. 100줄을 읊은 후 그는 200줄을 암송할 때까지 계속했다. 교장은 불안하게 시계를 보며 초조해했지만 웹스터는 계속 암송했다. 교장은 마침내 그를 멈추고 얼마나 더 외웠는지 물었다. "500개 정도 더 돼요." 웹스터가 계속 암송하며 말했다.

교장은 "남은 시간 동안 비둘기를 사냥해도 좋다"라고 말했다.

위대한 작가들은 목적에 대한 끈질긴 집념으로 유명하다. 그들의 작품은 천재성으로 가득 찬 마음에서 튕겨 나온 것이 아니라, 노력의 흔적이 모두 지워질 때까지 우아함과 아름다움으로 정교하게 다듬어졌다.

버틀러 주교는 20년 동안 끊임없이 《유추》를 작업했고, 그 후에도 너무 불만족스러워 불태우고 싶을 정도였다고 했다. 루소는 끊임없는 탐구, 끝없는 얼룩과 지우기를 통해서만 자신의 스타일이 주는 편안함과 우아함을 얻을 수 있었다고 말했다. 베르길리우스는 11년 동안 《아이네이스》를 작업했다. 호손이나 에머슨 같은 위인들의 공책은 한 시간 만에 읽을 수 있는 책 한 권에 얼마나 많은 세월을 투자했는지를 말해준다. 몽테스키외는 25년 동안 《로마인의 정신》을 집필했지만 60분 만에 읽을 수 있다. 애덤 스미스는 《국부론》을 집필하는 데 10년을 보냈다. 한 경쟁 극작가는 사흘 동안 500줄을 쓰면서 사흘 동안 세 줄을 쓴 에우리피데스를 비웃었다. "하지만 당신이 사흘 동안 쓴 500줄은 죽어서 잊혀질 것이지만, 내 세 줄은 영원히 살아 있을 것이다"라고 그는 대답했다.

아리오스토는 《폭풍에 대한 묘사》를 16가지 다른 방식으로 썼다. 그는 《올랜도 푸리오소》에 10년을 투자했지만, 한 권당 15펜스에 100부밖에 팔지 못했다. 모든 문학에서 가장 숭고한 작품 중 하나인 버크의 《고귀한 영주에게 보내는 편지》의 교정본은 수정으로 얼룩지고 바뀐 나머지 인쇄업자가 수정을 거부해 출판사로 되돌려져 완전히 초기화되었다. 아담 터커는 18년 동안 《자연의 빛》을 집필했다. 소로의 뉴잉글랜드 목가서인 《콩코드강과 메리맥강에서의 일주일》은 완전히 실패했다. 인쇄된 1,000부 중 700부가 출판사로 반송되었다. 소로는 일기에 이렇게 적었다. "내 서재에는 약 900권의 책이 있는데, 그중 700권은 내가 쓴 책이다." 하지만 그는 그 어느 때보다 결연한 의지로 펜을 들었다.

구르는 돌에는 이끼가 끼지 않는다. 끈질긴 거북이는 재빠르지만 변덕스러운 토끼를 능가한다. 하루에 한 시간씩 12년을 공부하면 고등학교 4년 과정의 수업 시간을 초월한다. 한 권의 책을 읽고 또 읽으면서 많은 사람이 만들어졌다. 불워는 "인내는 정복자의 용기이다. 그것은 운명에 맞서는 인간의 탁월한 미덕이다. 그는 세상과 물질에 대항하는 영혼이다"라고 말한다. "따라서 이것은 복음의 용기이다. 사회적 관점에서 복음의 중요성, 즉 인종과 제도에 대한 복음의 중요성은 아무리 강조해도 지나치지 않는다."

꾸준함의 부족이 많은 실패의 원인이며, 오늘의 백만장자를 내일의 거지로 만든다. 위대한 승리 중에서 인내의 보상이 아닌 것이 있으면 보여달라. 티치아노는 그를 유명하게 만든 그림을 이젤에 올려놓고 8년 동안 그렸고, 다른 하나는 7년 동안 그렸다. 인기 작가들은 어떻게 유명해졌을까? 그들은 수년간 무보수로 글을 쓰고, 수백 페이지에 달하는 글을 연습 삼아 쓰고, 반평생을 문학의 노예처럼 일하면서 명성 외에는 다른 보상을 받지 못했다.

버크는 "절대로 절망하지 마라. 만약 절망한다면 절망 속에서도 계속 노력하라"라고 말한다.

헤라클레스의 머리는 이빨이 턱 밑으로 드러난 사자의 머리 가죽을 쓴 것으로 표현되어 있는데, 이는 우리가 불행을 극복하면 사자가 우리의 조력자가 된다는 것을 보여준다. 오, 정복할 수 없는 의지의 영광이여!

저자 | **오리슨 스웨트 마든**(Orison Swett Marden, 1848~1924)

미국인 사업가, 작가, 〈석세스〉 매거진 발행인. 자기계발과 야망, 성공에 관한 50여 권의 책을 저술했다. 대표작으로 《당신의 길을 개척하라》와 《어떻게 원하는 것을 얻는가》가 있다.

1848년 뉴햄프셔에서 태어났다. 세 살 때 어머니를 여의고, 여섯 살 때 아버지까지 여의었다. 아버지가 돌아가신 후 할머니 집에서 지냈다. 할머니가 그를 포함한 세 명의 손자를 돌볼 수 없게 되자 위탁 가정으로 보내진다. 성인이 될 때까지 총 5개의 위탁 가정에서 살았다.

그의 인생의 전환점은 그가 다락에서 새뮤얼 스마일스의 《자조론》을 발견한 것이었다. 그는 훗날 그것을 "한 가난한 남자가 금광을 발견한 것 같았다"라고 표현했다. 그는 그 책을 읽고 자기도 남들처럼 교육을 받을 수 있고 나아질 수 있다고 느끼게 된다.

그는 후견인에게 공부를 하고 싶다는 편지를 썼고, 후견인은 뉴햄프셔주 뉴런던에 있는 예비학교인 콜비 아카데미에 한 학기 동안 다닐 수 있게 해주었다. 그때부터 그는 학업과 일을 병행한다. 그는 보스턴대학교에서 두 개의 학사 학위(B.S.와 B.O.)를 취득했고, 하버드대학교에서 의학 학위(M.D.)와 법학 학위(LL.D.)를 취득했다.

그는 대학교에 다니면서도 일을 했다. 그의 능력은 그가 대학교를 졸업하기 전에 로드아일랜드에 있는 리틀필드 호텔을 매입해 매니시스 호텔로 이름을 바꾸는 것으로 증명된다. 그는 "럭키 마든(Lucky Marden)"으로 불리며 성공 가도를 달렸다. 이후 그는 네브래스카주 키니로 이주해 호텔과 부동산에 막대한 투자를 했다.

그러나 운명의 여신은 변덕스럽다고 했던가. 네브래스카에 3년에 걸쳐 가뭄이 들고, 엎친 데 덮친 격으로 그의 주 재산이라고 할 수 있는 미드웨이 호텔에 불이 나 잿더미가 된다. 거기에 그가 집필하던 《당신의 길을 개척하라》의 원고마저 화재로 없어져 버린다. 그는 빈털터리가 되었다.

이후 그는 캘리포니아에서 설탕과 철도 대기업이 소유하던 호텔의 지배인이 되어 달라는 부탁을 여러 번 받는다. 캘리포니아로 가면 재기할 것이 분명했으나, 그는 가지 않고 글로써 사람들에게 영감을 주는 일을 하기로 결심한다. 그는 무작정 보스턴으로 가서 《당신의 길을 개척하라》의 원고를 여러 출판사에 보냈고, 그중 한 곳에서 채택되어 베스트셀러가 되었다.

이후 그는 이 책의 성공을 기반으로 〈석세스〉 매거진을 창간했다. 〈석세스〉 매거진은 제1차 세계대전의 불안정한 출판 환경에서도 큰 성공을 거두었다. 그는 1924년 로스앤젤레스에서 죽었다. 그와 부인 클레어 L. 에번스 사이에는 세 명의 자녀가 있었다.

편역자 | 이은종

건국대학교 영어영문학과와 일본 히토쓰바시대학대학원 국제기업전략연구과를 졸업했다. 현재 출판업에 종사하고 있으며, 몇 권의 책을 번역 및 저술하였다.

당신의 길을 개척하라 ❶

초판1쇄 발행 | 2025년 9월 19일

지은이 | 오리슨 스웨트 마든
편역자 | 이은종

발행처 | 주영사
발행인 | 이은종
등록번호 | 제379-3530000251002006000005호
등록일 | 2006년 7월 4일(최초 등록일 2006년 3월 7일)
주 소 | 경기도 성남시 수정구 산성대로 437번길 7
전 화 | 031-626-3466
팩 스 | 0505-300-2087
홈페이지 | http://juyoungsa.net
이메일 | juyoungsa@gmail.com

ISBN 978-89-94508-53-5
ISBN 978-89-94508-52-8(전2권)

* 잘못된 책은 바꾸어 드립니다.
* 책값은 표지에 있습니다.